读客文化

The Conquest of Happiness

罗素论幸福

明明过得还可以，却始终感觉不到幸福？
翻到第124页，罗素告诉你幸福的秘诀！

[英]伯特兰·罗素 著

左安浦 译

Bertrand Russell

江苏凤凰文艺出版社
JIANGSU PHOENIX LITERATURE AND
ART PUBLISHING

图书在版编目（CIP）数据

罗素论幸福 / (英) 伯特兰·罗素
(Bertrand Russell) 著；左安浦译. -- 南京：江苏凤
凰文艺出版社，2021.8（2025.2重印）
ISBN 978-7-5594-6061-5

Ⅰ.①罗… Ⅱ.①伯… ②左… Ⅲ.①幸福 – 研究
Ⅳ.①B82

中国版本图书馆CIP数据核字(2021)第117426号

罗素论幸福

［英］伯特兰·罗素　著　　　左安浦　译

责任编辑	丁小卉
特约编辑	阙先婕　　蔡若兰
封面设计	张　璐
责任印制	刘　巍
出版发行	江苏凤凰文艺出版社
	南京市中央路165号，邮编：210009
网　址	http://www.jswenyi.com
印　刷	三河市龙大印装有限公司
开　本	880 毫米 × 1230 毫米 1/32
印　张	8.5
字　数	152千字
版　次	2021 年 8 月第 1 版
印　次	2025 年 2 月第 6 次印刷
书　号	ISBN 978-7-5594-6061-5
定　价	49.90元

江苏凤凰文艺版图书凡印刷、装订错误，可向出版社调换，联系电话：010-87681002。

我想我能够转向和动物一起生活，它们是这样安详自足，

我站着观察了它们很久很久。

它们不为处境着急叫苦，

它们不会夜里睡不着觉为自己的罪过哭眼抹泪，

它们不谈论对上帝的职责而叫我头疼，

没有一个不知足，没有一个精神错乱的占有狂，

没有一个向另一个下跪，也不向千年的祖宗下跪，

整个地球上没有谁高高在上或郁郁寡欢。[1]

——沃尔特·惠特曼

---

[1] 节选自《草叶集》中《自我之歌》（*Song of Myself*）的第32节，此处参考了邹仲之的译本。——译者注

前　言

本书不是写给知识渊博的人，也不是写给只想讨论实际问题的人。书中没有深刻的哲理，也没有深奥的知识。我只是把一些源自常识的观点拼凑在一起。我向读者建议的方法，都已被我的体验和观察所证实，每次遵循它行事，我都能收获更多的快乐。因此，我冒昧地希望那些正在被不幸折磨的男男女女，会发现有人诊断了他的病情，而且开出了药方。我相信，在本书的引导下，许多忧虑痛苦的人都可以通过有针对性的努力获得幸福。所以我写了这本书。

目 录

下　篇　幸福的原因

上篇

不幸福的原因

第一章

人为什么不幸福

动物只要不生病、不挨饿就会快乐，我们认为人类也应当如此。但在大多数情况下，现实并非如此。如果你不幸福，你会发现自己并不是特例。如果你感到幸福，那么你的朋友中有几人和你一样呢？审视自己的朋友，学会察言观色；即使只是泛泛之交，也不妨去感受他的情绪。

> 我看见每个过往的行人，
>
> 有一张衰弱、痛苦的脸。
>
> ——布莱克[1]

虽然不幸千差万别，但你会发现它如影随形。假设你在纽

---

1 指威廉·布莱克（William Blake，1757—1827），英国诗人、画家，浪漫主义文学的代表人物之一。引文节选自他的诗作《伦敦》（*London*）。——译者注

约——典型的现代化大都市，于工作时间伫立在繁忙的街头，或者周末在大街上闲逛，又或者夜晚去参加舞会，完全放空自己，去感受周围每一个陌生人的情绪，那么你会发现每一个群体都有各自的烦恼。上班族焦虑、过度紧张、消化不良，除了奋斗，其他任何事情都提不起他们的兴趣，他们没有心思娱乐，也不关心自己的同胞。周末，大街上的男男女女都过着舒适的生活，有些人非常富有，一心想寻欢作乐。所有人不得不统一步调，在缓慢的车流里鱼贯而行。司机看不见远方的路，也看不到周围的风景，因为分心会引起事故。所有人都想赶超前面的车，但由于交通拥堵，这是不可能的。如果司机像乘客一样把思绪移到其他地方，那么一种说不出的厌倦就会从心中腾起，微微懊恼的神情也会浮现在脸上。偶尔有一车黑人流露出发自内心的快乐，他们的怪异行为就会引起旁人的愤慨，最终车子会出点"意外"，被交给警察处理：假日禁止快乐。

再或者，你去观察那些欢度夜晚的人。所有人都下定决心逍遥一晚，那份坚决跟看牙医时忍着不叫出声一样。人们认为饮酒和爱抚能带来欢愉，所以他们很快就灌醉了自己，并且竭力忽视同伴令人作呕的醉态。酒喝够了，人们就开始啜泣，责怪自己对不起母亲的养育。这种负罪感在清醒时往往被理性压抑，而酒精使它得以宣泄。

这种种不幸的根源，部分在于社会制度，部分在于个人心理——当然，个人心理很大程度上也是社会制度的产物。关于完善社会制度从而提升个人幸福感，我曾有过专门论述，因此在本书中，我不准备讨论消灭战争、停止经济剥削、废除严格到令人恐惧的教育等问题。建立一种避免战争的制度，对我们的文明至关重要，但这样的制度不可能实现。因为人们太痛苦了，以至他们觉得平淡度日比相互残杀更加可怕。如果机械化生产的效益能够惠及最需要它的人，那么必然可以消除贫困；可是，如果连富人都在烦恼，那么让所有人都富起来就能消除烦恼了吗？严格到令人恐惧的教育是不好的，但老师也是这种教育的奴隶，他们提供不了更好的教育。这些讨论把我们引向个人心理的问题：此时此地，在这个普遍怀旧的社会里，我们该如何获得自身的幸福？在讨论这个问题的时候，我将只考虑一类人，他们没有遭受过来自外界的巨大痛苦——我假定他们有足够的收入来保证吃住，而且身体健康，日常活动不受影响；他们没有经历过重大的灾祸，不曾儿女尽数夭折，也不曾当众受辱。以上这些痛苦当然值得探讨，也非常重要，但与本书无关。我的目的是找到一种根治日常不幸的药方，这种不幸是文明国家里大多数人的通病，而且由于没有明显的外部原因，它往往是无法避免的，所以让人更加难受。我认为这种不幸很大程度上源于错误的世界观、错误的道德标准和错误的生活习惯，它让人们丧失了对一般事物的天然热情和欲望，而所有幸福，无论是人的幸福还是动物的幸福，都建立在这种基础之上。这是人力可以扭转的问题，因此我想提供一种改变的方法，让即使运气一般的人也能获得幸福。

也许，关于我所主张的哲学，最好的引言是几句自我介绍。我不是天生就快乐。孩提时代，我最喜欢的圣歌是："尘世可厌，满载罪孽。"[1]在5岁时，我曾想，假如我能活到70岁，那么我才熬过一生的十四分之一，余生漫长而痛苦，简直难以忍受；青春时代，我厌恶生活，徘徊在自杀的边缘，拯救我的是想学一点数学的念头；现在，我非但没有轻生，反而热爱生活，甚至可以说，我对生活的热爱在逐年增加。部分原因是我了解了自己真正渴望的东西，并如愿以偿地得到了不少；另一部分原因是我成功地摒弃了一些根本不可能的欲望，比如获得某些确凿无疑的知识。但更重要的是，我对自己的忧虑越来越少。和其他受过清教徒教育的人一样，我养成了反省自己过错、愚行和缺点的习惯。我觉得自己是个不折不扣的可怜人。渐渐地，我学会了不介怀自身的缺点，而是更多地关注外界：世界现状、各种知识，以及我喜欢的每个人。的确，外在关切会带来各种各样的痛苦：世界会陷入战争，某些知识难以企及，朋友会死去。但这些痛苦与因自我厌恶而产生的痛苦不同，不会破坏生活的本质。每一种外在关切都会激发出一些活力，只要这种关切不消退，人就不会觉得倦

---

1 原文为："Weary of earth and laden with my sin."——译者注

息。相反，对自身的关切不会使人进步——它可能促使你坚持写日记，对自己做精神分析，或者成为一名僧侣。但僧侣只有在寺庙中忘记灵魂才会得到幸福。他把这种幸福归因于宗教，但做清洁工也能获得同样的幸福——只要他没有别的选择，并能长期坚守。对于那些过度自我沉溺以至无可救药的不幸者，外在戒律是通往幸福的唯一道路。

自我沉溺有多种形式，其中自罪狂、自恋狂和自大狂是最典型的三种。

我所说的"自罪狂"，并不是指犯罪的人：众生皆有罪，或人人都无辜，这取决于我们对罪的定义。我指的是沉溺于负罪感的人。这种人永远会怪罪自己，如果他笃信宗教，就会认为是上帝怪罪他。他想象自己应该是某个样子，这个形象与他对自己的认知始终相抵牾。如果在意识思维中，他早就抛弃了在母亲膝上听到的教诲，那么负罪感就可能深埋在潜意识里，只有喝醉或熟睡后才显露出来。然而，这足以使一切索然无味。本质上，他仍然遵从童年时期的所有禁令：骂人是罪恶，饮酒是罪恶，在生意上精明是罪恶，性爱更是罪恶。他当然不会放弃这些欢愉，但他为这些欢愉感到羞愧，因此反而有害。他全心渴望一种欢愉，那就是母亲由衷的爱抚——他在儿时有过这种经历。他再也得不到这种快乐，所以自暴自弃：既然做什么都有罪，索性做得更彻底。恋爱时，他想要慈母般的柔情却无法接受，因为母亲的形象很特殊，而他无法对性对象产生敬意。失望之际，他变得冷酷，又忏悔自己的冷酷，并开始陷入想象的罪恶与实在的忏悔的恶性循环中。许多表面上铁石心肠的恶棍就是这种心理。他们之所以迷失，是因为献身于不可企及的目标（母亲或母亲的替代者），以及早年被灌输的荒谬的道德观。对于那些母性"美德"的受害者，从早期信仰和情感的专制中解脱出来是通往幸福的第一步。

从某种意义上说，自恋是习惯性自罪的反面，包括自我欣赏和希望被欣赏。当然，在一定程度上这是正常的，用不着批评。只有过度的自恋才会产生严重的恶果。许多女性，尤其是上流社会的女性，感受爱的能力完全枯竭，取而代之的是一种强烈的欲望，认为所有男人都应该爱她。当这种女人确信男人爱她，她便不需要这个男人。同样的事情也发生在男人身上，只是为数不多罢了；典型的例子是小说《危险的关系》[1]中的男主角。虚荣心达到这种程度，就不会对别人产生真正的兴趣，因此也不会从爱情中获得真正的满足。其他方面的兴趣则消退得更快。例如，伟大的画家受人崇敬，自恋狂可能受此启发去学艺术；但对他来说，绘画仅仅是达成目的的一种手段，因此绘画技巧本身永远不会增加任何乐趣，他也看不到自身之外的其他东西。结果只能是失败和失望。他追求奉承，却只得到奚落。同样的道理也适用于某些

---

1 法国作家拉克洛（Choderlos de Laclos，1741—1803）的书信体小说。小说的男主角瓦尔蒙子爵是周旋于巴黎社交圈的情场老手，风流成性。——译者注

小说家，他把自己写进小说，像美化女主角一样美化自己。无论什么工作，最终的成功都只取决于对工作本身的真正兴趣。成功的政治家一个接一个倒台，原因是自恋逐渐取代了他的社会关怀和施政举措。只关心自己的人不值得称道，人们不会如他希望的那样看待他。因此，一心想要世界赞美自己的人，永远不会如愿。即使如愿，他也不会拥有真正的快乐，因为人的天性并不是完全以自我为中心的。自恋狂是在人为地给自己设限，就像自罪狂被负罪感统治一样。原始人可能会夸耀自己的狩猎技巧，但他也享受打猎的乐趣。虚荣心一旦过度，就会扼杀所有活动的乐趣，从而不可避免地产生倦怠和厌烦。自恋的根源往往是自卑，而解药是自尊。但自尊只能产生于由客观兴趣所激发的卓有成效的活动。

自大狂和自恋狂的区别在于，自大狂追求的是权力而不是魅力，希望令人畏惧而不是受人爱戴。许多疯子和历史上的大多数伟人，都属于这一类。权力欲和虚荣心一样，都是正常人性里一个重要的成分，因此是可以接受的，只有过度或脱离实际才会变得可悲。它要么使人难过，要么使人愚蠢，要么两者兼而有之。一个自认为头戴王冠的疯子，在某种程度上也许是幸福的，但任何有理智的人都不会羡慕这种幸福。亚历山大大帝[1]的心理和疯

---

1 亚历山大大帝（Alexander the Great，前356—前323），古希腊马其顿王国的国王，建立了古代最大的帝国。他在战场上从未失败，被认为是史上最伟大的将军之一。——译者注

子是一样的，只不过他的才能足以实现疯子的愿望，却无法实现自己的梦想，因为他的野心随着他的成就不断膨胀。他知道自己已经成为最伟大的征服者，便自封为上帝。那么他幸福吗？他醉生梦死，喜怒无常，轻视女性，妄称上帝，这些都表明他并不幸福。牺牲全部人性以培养其中的某一成分，或者把整个世界当成自我表现的舞台，并不会让人得到真正的满足。自大狂往往是由过度羞辱导致的，无论他的精神是否正常。拿破仑上学时曾在富有的贵族同学面前抬不起头，因为他是一个只靠奖学金生存的穷小子。后来他允许流亡者回国，看到昔日的同学对他顶礼膜拜，十分满足。这真是极致的快乐！他甚至想通过消灭沙皇来获得同样的满足，最终被流放到圣赫勒拿岛。没有人是万能的，被权力欲支配的生活迟早会面临无法克服的障碍。唯有某种形式的疯狂才会使他意识到这一点；但如果权力足够大，他就可以把向他指出这一点的任何人囚禁或处死。因此，政治意义上的压力和精神层面上的压力紧密相连。任何精神层面上的压力只要显露出来，就不会有真正的快乐。适当的权力可以大大增加幸福感，但如果把它当成人生的唯一目标，就会引发内心或外界的灾难。

可见，不幸福有多种心理因素。但它们也有一些共同点。不幸福的人通常在年轻时被剥夺了一些满足感，因此相比于其他满足感，他更珍视失去的那种。因此，他的生活只剩下一个维度——过分强调成就感，而不是与成就感相连的活动本身。然而，这种情况在今天还有进一步发展，并且很普遍。一个人可能遭受沉重的打击，以至不想追求任何形式的满足，只想消遣和忘却。然后，他变成"享乐狂"。也就是说，他通过麻醉自己让生活看起来不那么糟糕。例如，酗酒就是暂时的自杀，它带来的是消极的幸福，只是让不幸暂时离开。自恋狂和自大狂也许是用错误的方式追求幸福，但他们相信幸福是可能的。可是，那些以各种形式寻求自我麻醉的人，只是想忘掉一切，再也没有别的期盼。对于这样的人，首先要让他相信，幸福是可求的。不幸福的人就像睡眠不好的人，总为自己的不幸而骄傲。也许他的骄傲就像断了尾巴的狐狸[1]的骄傲；如果是这样，医治的方法就是告诉他怎样长出一条新尾巴。我相信如果知道幸福的方法，很少有人故意选择不幸福。我不否认有这样的人，但他们的数量无足轻重。所以我假定读者追求的是幸福而非不幸。我不确定能否帮他得偿所愿，但这种尝试至少是无害的。

1　"断了尾巴的狐狸"，典出《伊索寓言》，大意是：一只狐狸在陷阱中断了尾巴，他担心会因此受到嘲笑，于是召集许多狐狸，宣称尾巴丑陋、笨重，建议所有狐狸剪掉尾巴。另一只狐狸说："如果你没有失去尾巴，就不会热衷于让我们剪掉尾巴。"——译者注

第二章

拜伦式不幸

今天这个时代与历史上许多时期一样，人们普遍认为，我们中的有识之士已经看透了过去时代的种种狂热，认识到生活中没有什么东西值得追求。持这种观点的人并不幸福，但他为自己的痛苦而骄傲，他认为痛苦是世界的本质，是明达之士的唯一理性的态度。那些单纯的人因此怀疑这种痛苦的真实性，觉得以苦为乐其实算不上痛苦。这种看法未免过于简单。的确，那些痛苦的人会得到一些优越感和洞察力，但不足以弥补他丧失的简单的快乐。我不认为痛苦有什么优越性。聪明人会在条件允许的情况下尽情取乐，当他发现思考宇宙的痛苦超过一定程度，他就会转而考虑其他问题。这就是我想在本章证明的观点。我想告诉读者，无论如何，理性都不会妨碍幸福。而且更重要的是，我想说明，那些把痛苦归咎于宇宙观的人本末倒置了：事实上，他并不知道自己为什么痛苦，反过来这种痛苦会促使他思考他生活的世界里有哪些不如意。

对现代美国人而言，我想讨论的观点已经由约瑟夫·伍德·克鲁奇[1]先生在《现代性情》一书中提出；对我们的祖辈而言，这一观点出自拜伦；从整个历史来看，《传道书》[2]的作者写下了这一观点。克鲁奇写道："人生注定要失败，自然宇宙没有我们的一席之地。但尽管如此，生而为人我们并不遗憾。与其像动物一样活，不如像人一样死。"拜伦说：

世间哪有一种欢乐能与它拿去的相比，

呵，那冥想的晨光已随着感情的枯凋萎靡。[3]

《传道书》中写道：

因此，我赞叹那早已死的死人，胜过那还活着的活人。（4:2）

并且我以为那未曾生的，就是未见过日光之下恶事

---

1 约瑟夫·伍德·克鲁奇（Joseph Wood Krutch，1893—1970），美国作家、评论家、博物学家。本章后文所指均为《现代性情》一书。——译者注

2 《传道书》（*Ecclesiastes*）是《旧约》中的一卷，成书于公元前1000年。本书中的引文采用《圣经恢复本》，部分字词略有调整。章节为译者所加。——译者注

3 节选自拜伦的诗作《乐章》（*Stanzas for Music*），此处参考了穆旦的译本。——译者注

的，比这两等人更强。（4:3）

这三位悲观主义者得出了令人沮丧的结论，尽管他们一生尽享欢愉。克鲁奇生活在纽约知识界的最上层。拜伦曾泅渡赫勒斯滂[1]，有过数不清的风流韵事。《传道书》的作者追求各种各样的快乐：他品尝美酒，享受音乐，"凡此种种"；他修建池塘，蓄养仆婢及其后代。尽管生活在这样的环境里，他仍然拥有智慧。不过，他把一切视为虚空，就连智慧也是虚空：

> 我又专心察明智慧、狂妄和愚昧，乃知道这也是捕风。（1:17）
>
> 因为多有智慧，就多有愁烦；加增知识的，就加增忧伤。（1:18）

他似乎不喜欢自己的智慧，想摆脱却徒劳无功：

> 我心里说，来吧，我要试一试享乐，好享美福！谁知，这也是虚空。（2:1）

---

1 赫勒斯滂，今达达尼尔海峡，位于土耳其。1810年5月3日，22岁的拜伦游泳穿越赫勒斯滂，路程达6.4千米。——译者注

但他的智慧不离不弃：

> 我就心里说，愚昧人所遭遇的，我也必遭遇。既
> 是这样，我为何更有智慧呢？我心里说，这也是虚空。
> （2:15）

> 所以我恨恶生命，因为在日光之下所行的事，我都
> 以为烦恼；都是虚空，都是捕风。（2:17）

现代人不读古书，这是文人的运气，否则人们会认为新出的书毫无价值。如果我们能证明《传道书》的教义并不是智者的唯一选择，那么我们也无须为后人反复表达同一情绪而烦恼。关于这种争论，我们必须区分情绪和情绪的智性表达。争论情绪是没有必要的，因为情绪可以被一些幸运事件改变，也可以随身体状况而变化，但不会因争论而改变。我经常感觉一切都是虚空，这种感觉并非源自某种哲学，而是由于行动的匮乏。如果你的孩子生病，你可能会难过，但不会觉得一切都是虚空——无论人生是否存在终极价值，你都会觉得让孩子恢复健康才是当务之急。富人也许经常觉得一切都是虚空，但如果他突然一文不值，绝不会认为下一顿饭是虚空。感觉虚空，是因为自然需求太容易满足。和其他动物一样，人类这种动物已经适应了一定程度的生存斗争，但智人凭借大量财富轻易地满足了所有幻想，努力的缺失消

除了获得幸福的一个基本要素。一个人轻易地获得了他只是有点想要的东西，就会认为，即使满足了欲望也不会快乐。如果他具有哲学家的气质，就会得出这样的结论：人生的本质是不幸，即使实现了所有欲望仍然不开心。但他忘记了，得不到某些想要的东西，正是获得幸福的必要条件。

《传道书》中充斥着情绪，但也有智性的观点：

江河都往海里流，海却不满。（1:7）

日光之下并无新事。（1:9）

已过的世代，无人记念。（1:11）

我恨恶一切在日光之下的劳碌，因为我所得的都必留给我以后的人。（2:18）

如果有人尝试以现代哲学家的风格提出这些观点，他会写出这样的句子：人劳作不息，物质运动不止，万物都在变化之中，尽管新事物永远与旧事物相同。一个人死了，他的劳动成果由后嗣继承；江河流入大海，但水不会永远停留。人和万物就这样经历生死循环，没有止境、没有目的、没有发展、没有永恒的成就，日复一日，年复一年。如果江河有智慧，它一定会停在原地；如果所罗门王有智慧，他就不会栽种果树让儿子享受果实。

可是，如果用另一种情绪看，一切就完全不同。日光之下无新事吗？那么怎样解释摩天大楼、飞机和政客的广播演讲呢？所罗门王[1]知道这些吗？当示巴女王[2]从他的领地返回后，如果所罗门王从无线电听到示巴女王对臣民的训示，他是否能在无用的树木和池塘之间获得慰藉呢？如果他有一个剪报局，每天向他报告报纸如何评价他美丽的建筑、舒适的后宫以及狼狈的论敌，他还会说"日光之下并无新事"吗？也许这些事情并不能完全治愈他的悲观情绪，但一定能赋予他新的表达方式。其实，克鲁奇先生对我们这个时代的抱怨是，日光之下新事太多。如果有无新事都会带来同样的烦恼，那这两者似乎都不是绝望的真正原因。仍以《传道书》的事实为例："江河都往海里流，海却不满；江河往何处流，仍再流往何处。"如果悲观主义以此为依据，就会假定旅行是不愉快的。人们夏天去避暑胜地，然后又回到出发的地方，但这并不能证明夏天避暑是徒劳的。如果水有感情，它可能会像雪莱诗中的云一样享受冒险的循环。至于把遗产留给后嗣的痛苦，也许可以从两个角度看：从后嗣的角度来说，显然没有那么悲惨。万事万物都会消失，这一事实本身无法佐证悲观主义。当下的事物如果被更糟糕的取代，这的确可以作为悲观的依据。但如果被更美好的事物取代，那将是乐观的理由。如果像所罗门

---

1 所罗门王当然不是《传道书》的作者，这里是为了行文方便。——原注

2 示巴女王，《旧约》中的人物，是非洲东部示巴王国的女王。相传，她仰慕所罗门王的才华和智慧，曾前往以色列向所罗门王提亲。——译者注

王主张的那样，当下的事物被同样的事物取代，我们该怎样想呢？这会使整个过程变得毫无意义吗？绝对不会！除非循环的不同时期都令人痛苦。寄望于未来，认为当下的全部意义在于未来，这是一种有害的习惯。如果部分没有价值，那么整体也没有价值。不能用传奇剧类比人生。在传奇剧中，男、女主角经历了不可思议的灾祸，但他们最终得到了幸福。我过我的日子；我儿子继承了我，也过他的日子；他儿子也继承了他。凡此种种，有何悲剧可言？相反，如果我永远活着，生活就一定会变得乏味。因为生命是有限的，生活才永远有趣。

> 我双手烤着，
>
> 生命之火取暖；
>
> 火萎了，
>
> 我也准备走了。[1]

这种对死亡的从容与对死亡的愤怒是一样理性的。因此，如果情绪取决于理性，那么我们既有理由欢愉，也有理由绝望，两者同样充分。

《传道书》是悲剧的，《现代性情》是感伤的。克鲁奇先生

---

[1] 节选自瓦特·兰德（Walter Landor，1775—1864）的诗作《生与死》（*Life and Death*），此处参考了杨绛的译本。——译者注

之所以哀伤，是因为中世纪的确定性已经消亡，而近代的某些确定性也已经崩溃。他说："今天这个不幸的时代，被来自阴间的孤魂野鬼缠绕，它的困境就像是一个青少年的困境：一旦离开了童年时期的神话故事，就没有什么东西指引他迈向前方。"这种表述完全适用于某些知识分子：他受过文学教育，却对现代世界一无所知；他从小被教育要把信仰建立在感情之上，但无法摆脱对安全和保护的幼稚欲望，这种欲望是科学无法满足的。克鲁奇先生和大多数文人一样，坚持这样一种观点：科学没能实现它的承诺。当然，他并没有说这种承诺是什么，但他似乎认为60年前达尔文、赫胥黎[1]等人对科学的期待至今没有兑现。我认为这完全是一种错觉，是被某些作家和神职人员所误导——他们担心自己的专长被轻视。目前，世界上有许多悲观主义者。当许多人收入减少时，悲观主义者就会大量出现。克鲁奇先生是美国人——美国人的收入在战后总体有所增长，但整个欧洲大陆的知识分子饱受煎熬，因为战争给每个人带来不稳定感。这些社会因素对时代情绪的影响，远大于有关世界本质的理论。13世纪是最令人绝望的时代，但除了皇帝和几位显赫的意大利贵族，当时几乎所有人都笃信克鲁奇先生为之惋惜的信仰。因此，罗吉尔·培根[2]说：

---

1 指托马斯·亨利·赫胥黎（Thomas Henry Huxley，1825—1895），英国博物学家，因捍卫达尔文的进化论而有"达尔文的斗牛犬"之称。——译者注

2 罗吉尔·培根（Roger Bacon，约1220—约1292），英国方济各会修士、哲学家。——译者注

"我们这个时代的罪孽远远超过以前任何时代。罪孽与智慧水火不容。让我们审视世间的一切，我们将发现无以复加的堕落，尤其是上层……纵欲使整个宫廷蒙羞，暴食主宰了一切……上层况且如此，下层又该如何？看看那些主教，他们一心追逐金钱，忽视了对灵魂的疗愈……想想那些宗教团体，他们全都堕落了，一个也没有例外。新的（修道士）团体也已经极大地丧失了初期的尊严。整个教会都变得傲慢、纵欲和贪婪，无论在巴黎还是牛津，神职人员相互斗争、咒骂，如此种种，令世俗之人愤慨不已。只要能满足淫欲，就没有人顾忌自己的行为，也没有人在乎自己的手段。"谈到古代的异教圣人，培根说："他们的生活比我们好得多，既过得体面，又可以蔑视世俗的愉悦、财富和荣耀。我们可以在亚里士多德、塞内卡、西塞罗、伊本·西那、法拉比、柏拉图、苏格拉底等人的著作中读到这些圣人[1]。正因如此，他们发现了智慧的奥秘，弄清了一切知识。"[2]罗吉尔·培根的观点代表了同时代所有作家的观点，他们都不喜欢自己的时代。我不相信这些悲观主义有任何形而上的原因，我认为悲观主

1　塞内卡（Lucius Annaeus Seneca，约前4—公元65），古罗马著名的哲学家、政治家、剧作家。西塞罗（Tully，前106—前43），罗马共和国晚期的哲学家、政治家和作家。伊本·西那（Avicenna，公元980—1037），阿拉伯哲学家，医学家。法拉比（Al-Farabi，公元872—950），喀喇汗王朝初期著名医学家、哲学家、心理学家。——译者注

2　节选自库尔顿的著作《从圣弗朗西斯到但丁》（*From St. Francis to Dank*）。——原注

义起源于战争、贫穷和暴力。

克鲁奇先生书中最感伤的一章的主题是爱情。维多利亚时代[1]的人们似乎很看重爱情，但我们这些复杂的现代人已经看透了它。"对维多利亚时代大多数怀疑主义者来说，爱情扮演了上帝的角色。他们已经不信仰上帝。但面对爱情的时候，即使最冷静的人也会暂时陷入神秘。他们发现自己面对着某种东西，内心的崇敬被唤起，这是其他任何东西都不能比拟的；他们甚至在内心深处感受到某种无条件的忠诚。对他们来说，爱情就像上帝一样要求牺牲，但也像上帝一样回报信徒，赐予所有生命现象未知的意义。我们比他们更习惯没有上帝的世界，但还未习惯没有爱情的世界。除非习惯没有爱情，否则我们无法理解无神论的真正含义。"奇怪的是，这个时代的年轻人和那个时代的过来人，对维多利亚时代的看法大相径庭。我年轻时就很熟悉的两位老妇人可以代表那个时期的某种典型特征。一位是清教徒，她悲叹爱情诗太多，认为爱情是无趣的话题。另一位是伏尔泰的信徒，她评论说："没有人能反驳我。我总说违反第七戒的罪过比不上违反第六戒[2]，因为奸淫至少要得到对方同意。"这两种观点都不像克鲁奇先生描述的典型的维多利亚时代。他的思想显然出自某些与周

---

1 通常指1837—1901年，即维多利亚女王统治的时期。——译者注

2 指基督教中的"十戒"，其中第六戒是"不可杀人"，第七戒是"不可奸淫"。——译者注

围环境格格不入的作家。我认为最好的例子是罗伯特·勃朗宁[1]。但我坚信他的爱情观有些迂腐。

> 感谢上帝，他的最卑微的人生
>
> 也有两面的灵魂，一面对着世人，
>
> 一面给他所爱的女人看。[2]

这种说法想当然地认为，好斗是面对世界可采取的唯一态度。为什么呢？勃朗宁会说，世界是残酷的。而我们会说，世界不会如你希望的那样接纳你。一对夫妻可能会相互钦慕，就像勃朗宁夫妇一样。不管你的工作是否值得称赞，身边的人都肯定会称赞它，这是令人愉悦的。当勃朗宁痛斥菲茨杰拉德胆敢不赞美《奥萝拉·莉》时[3]，一定会觉得自己是个了不起的大丈夫。夫妻之间没有批评，我不认为这值得钦佩。那是出于害怕，也是希望

---

1 罗伯特·勃朗宁（Robert Browning，1812—1889），英国诗人，剧作家。他的妻子是伊丽莎白·巴雷特·勃朗宁（Elizabeth Barrett Browning，1806—1861），英国诗人。

2 节选自罗伯特·勃朗宁的诗作《还有一句》（One Word More），此处参考了梁实秋的译本。——译者注

3 指爱德华·菲茨杰拉德（Edward Fitz Gerald，1809—1883），英国诗人，以翻译《鲁拜集》（Rubaiyat）而闻名。《奥萝拉·莉》（Aurora Leigh）是伊丽莎白·巴雷特·勃朗宁的叙事长诗。1861年，菲兹杰拉德曾写信给一位朋友，其中写道："勃朗宁夫人的死对我来说是一种解脱，我一定要说，再也没有《奥萝拉·莉》了。"罗布特·勃朗宁在菲兹杰拉德死后出版的信件中发现了这句话，于是撰文反驳。——译者注

逃避严厉公允的指责。许多垂老的单身汉在自家的火炉旁也能获得同样的满足。按照克鲁奇先生的标准，我在维多利亚时代生活了太久，以至无法做一个现代人。我决没有不相信爱情，但我相信的不再是维多利亚时代所信奉的爱情。我相信爱情是冒险的、是公开的，它使人向善、使人忘恶，从不假装圣洁。过去人们赞美圣洁的爱情，这是性禁忌的结果。维多利亚时代的人们深信大多数性行为充满罪恶，所以不得不用一些夸张的形容词描述他们认可的性行为。当时的性饥渴比现在更严重，这无疑会促使人们夸大性行为的重要性，禁欲主义者一直这样做。现在这个时代有些混乱，旧标准已被抛弃，新标准尚未建立，这给人们造成各种各样的麻烦。由于潜意识里他们仍然信奉旧标准，所以这些麻烦就演化成绝望、悔恨和犬儒。我不认为这样的人很多，但他们掌握了这个时代的话语权。我相信，如果比较当今和维多利亚时代中等富裕的年轻人，我们会发现，相比于六十年前，今天的人们从爱情中获得了更多幸福，从爱情观中获得了更多真理。某些人之所以变得犬儒，是因为他们潜意识里被旧标准主宰，也缺乏现代人用来约束自己的理性道德。解决之道不是嗟叹和怀旧，而是更勇敢地接受现代观点，把表面上埋葬的迷信彻底根除。

很难用简短的篇幅讲清楚人们为什么珍视爱情，但我仍然想试试。我们之所以珍视爱情，首先因为它是快乐的源泉——这虽然不是它最重要的价值，但对于其他一切有价值之事却是必不可少的。

　　　　爱情啊！他们对你误会至深

　　　　他们说你甜到苦，

　　　　可当你结满硕果

　　　　没有什么比你更香甜。

　　写这几句诗的无名作者并不是要寻找无神论的答案，也不是要揭示宇宙的奥秘。他不过是自得其乐。爱是快乐的源泉，缺爱是痛苦的源泉。我们珍视爱情，是因为它能增进所有最美妙的享受，比如陶醉于音乐中，在山顶上看日出，在圆月当空时观海。如果一个男人从来没有跟他爱的人享受过美好事物，他就不能充分领会这些事物的魔力。爱情能戳破自我的硬壳，因为这是一种生物协作，没有双方的感情，就不能实现对方的本能目标。在这世上，每个时期都有过提倡孤独的哲学，有的高尚，有的庸俗。斯多葛学派和早期基督徒相信，一个人可以单凭自己的意志达到人类生活的至善，绝不需要其他人的帮助。另一些学说则把权力当成生活的目标，或者纯粹追求个人享受。这些都是提倡孤独的哲学，认为每一个个体都能实现至善，而不用寄希望于或大或小的群体。我认为这些观点都是错误的，因为它们不但违背了道德伦理，还忽略了人性中更美好的部分。人类依赖协作，大自然为人类提供了一些本能器官，这些器官的确不太完美，但从中能孕育出人类协作所需要的友善。爱情是导致协作的最原始、最普遍的感情，一个人只要体验过爱情，就不会认为自身的至善与所爱之人的至善无关，也不会满足于这样的哲学。在这一方面，父母之爱甚至更加强大，但最好的父母之爱是父母彼此相爱的结果。我不敢说终极的爱很常见，但我敢断言终极的爱蕴含着独一无二的价值，这种价值不受怀疑主义的影响，尽管得不到爱情的怀疑主义者会认为，是怀疑主义让他得不到爱。

> 真爱是不熄的火焰，
>
> 永远在心底燃烧，
>
> 不减、不灭、不凉，
>
> 永不回头。[1]

　　接下来我要谈谈克鲁奇先生对悲剧的见解。他认为，易卜生的《群鬼》比不上莎士比亚的《李尔王》，这一点我完全同意。"再强的表达能力，再好的语言天赋，也无法把易卜生变成莎士

---

1 节选自沃尔特·雷利（Walter Raleigh，1552—1618）的诗作《当你从圣地归来》（*As You Came from the Holy Land*）。沃尔特·雷利，英国冒险家、作家、诗人。——译者注

比亚。莎士比亚的作品包含着对人类尊严的理解，对人类激情的重视，对人类生活的丰富想象。这样的素材，易卜生的作品中没有也不可能有，易卜生那个时代的人同样没有，同样不可能有。在莎士比亚和易卜生之间的几个世纪，上帝、人类和自然都莫名其妙地衰落了，不仅是因为现代艺术的现实主义教条让我们去寻找庸人，还因为这种平庸不知怎么地就找到了我们，强加到我们身上。这个过程导致现实主义理论的发展，而这一理论使我们的愿景合理化。"毫无疑问，过去那种关于王子及其感伤的悲剧不适合当今的时代。当我们以同样的方式描写普通人的感伤时，效果截然不同。原因并不是我们的人生观变了，恰恰相反，是因为我们不再把某些人看成地球上最伟大的人。过去，只有他们有权拥有悲剧的激情，而其他人只配辛勤劳作，为少数人创造辉煌。莎士比亚说：

> 乞丐死了的时候，天上不会有彗星出现；君王的凋
>
> 殒才会上感天象。[1]

在莎士比亚的时代，即使不是人人持这样的信念，这种情绪至少也是普遍存在的，莎士比亚本人也深信不疑。因此，诗人辛

---

[1] 节选自莎士比亚的剧作《裘力斯·恺撒》（*The Life and Death of Julius Caesar*），此处参考了朱生豪的译本。——译者注

纳之死是喜剧，而恺撒、布鲁图斯和卡西乌斯之死是悲剧[1]。个体死亡已经丧失了宇宙意义，因为我们变得民主，不仅是外在形式的民主，也是深入内心的民主。因此，当今的高雅悲剧必须关注社会本身，而不是关注个人。以恩斯特·托勒尔[2]的《群众与人》为例。我不认为这部作品比得上过去最好时代的最优秀作品，但它高贵、深刻、真实，关心英雄行为，经得起比较，就像亚里士多德说的那样，"通过怜悯和恐惧洗涤读者"。这样的现代悲剧还很少，因为旧技术与旧传统必须抛弃，仅有的司空见惯的东西又无法替代。要创作悲剧，就必须感受悲剧。要感受悲剧，就必须了解他生活的世界。要了解他生活的世界，就不仅要用心灵，还要用血液和肌肉。克鲁奇先生在书中经常谈到绝望，他勇敢地接纳了这个荒凉的世界，人们为之感动不已。然而这种荒凉，是因为克鲁奇和大多数文人还没有学会感受旧情绪，因此无法回应新刺激。刺激是有的，只是不在文人圈子里。文人圈子与社会生活之间的联系死气沉沉，如果人们想要获得悲剧和真正幸福所必需的严肃与深度，就必须与社会生活建立活跃的联系。对于那些才华横溢却庸庸碌碌的年轻人，我要说："放弃写作，或者尽量

1　诗人辛纳（Helvius Cinna）是罗马共和国晚期著名的诗人，恺撒是罗马共和国的执政官。公元前44年，恺撒遇刺身亡，主谋是罗马元老院议员布鲁图斯和卡西乌斯。有一种说法是诗人辛纳因与一名刺客同名而受到牵连。莎士比亚的剧作《裘力斯·恺撒》采纳了这一说法。——译者注

2　恩斯特·托勒尔（Ernst Toller，1893—1939），德国剧作家。——译者注

别写。去融入这个世界，去做海盗、婆罗洲的王或者苏联的劳动者，去寻找一种生活方式，让你竭尽全力才能满足基本需求。"我不建议所有人这样做，我只建议那些患上克鲁奇先生诊断之病的人这样做。我相信，过上几年这样的生活，这位从前的知识分子会发现，他已经无法克制写作的冲动，也不再觉得自己的作品毫无价值。

第三章

竞争

如果随便问一个美国人或英国商人，什么是人生乐趣的最大障碍，他会回答说："生存斗争。"他的这句话的确发自肺腑。在某种意义上这是对的，但在另一层非常重要的意义上，它错得离谱。当然，生存斗争是一定有的，可能发生在任何不幸的人身上。例如，它发生在康拉德[1]笔下的主人公福克身上。福克发现自己身处一艘漂流船，船上只有两个人有火器，福克是其中之一。除了其他人，船上没有别的食物可吃。两人把协商好的人肉吃完以后，一场真正的生存斗争开始了。福克赢了，但此后他就成了素食主义者。现在商人说的"生存斗争"则完全不是这回事。这种说法失之偏颇，它让本质上无足轻重的东西显得非常高贵。你问问他，在他那个阶层有几个人死于饥饿？他的朋友破产之后又

---

1 指约瑟夫·康拉德（Joseph Conrad，1857—1924），波兰裔英国作家，擅长写海洋冒险小说，有"海洋小说大师"之称。——译者注

会怎样呢？每个人都知道，就物质享受而言，破产的商人比从未富过的穷人好得多。因此，人们所说的生存斗争，实际上是为成功而斗争。他们并不担心第二天早上没有饭吃，而是担心不能压邻居一头。

奇怪的是，很少有人意识到，他们并不是被机器夹住无法脱身，而是踩在跑步机上，浑然不觉他停在原地是因为跑步机无法带他前进。当然，我指的是那些在行业顶层的人，如果他愿意，完全可以靠现有的收入生活。这似乎很可耻，就像临阵逃脱一样，但如果你追问他的工作能对公共事业有何贡献，他会把励志广告里的陈词滥调复述一遍，之后就无话可说。

想想这样一个人的生活：他可能有一所漂亮的房子、一位迷人的妻子和几个可爱的孩子。每天早晨，当妻儿还在睡觉时，他已经早早起床，匆忙赶到办公室。他是行政领导，要在办公室展现自己的风采。他下颌结实，言辞犀利，行事睿智，感染了除勤杂工外的每一个人。他口授信函，与许多重要人物通话，研究市场，接着与正在做生意或希望做生意的人共进午餐。整个下午他还是忙着同样的事情。他身心俱疲地回到家里，换身衣服又去参加晚宴。席间，他和许多同样疲惫的男人一样，假装享受女士的陪伴，而这些女士连感到疲惫的机会都没有。谁也不知道这些男人要过多久才能脱身。最后他终于可以入睡，让紧张的神经放松几个小时。

这样的生活就像是百米赛跑，比赛的唯一终点是坟墓。把用于百米赛跑的专注用到工作中，迟早会过度。他对孩子了解多少？他工作日在办公室，周末在高尔夫球场。他对妻子了解多少？他早晨离开的时候，妻子还在睡觉，夜晚两人都忙于应酬，无法亲密交谈。他可能也没有十分要好的男性朋友，尽管他对一些人假装保持亲密。关于春天和收获，他所知道的只是对市场的影响。他可能去过外国，但眼中全是无聊。对他来说，书籍毫无用处，音乐只是附庸风雅。他一年比一年孤独，一年比一年专注，他把时间都花在工作上，业余生活逐渐萎缩。我在欧洲见过一个这样的五十多岁的美国人，他和妻子、女儿们在一起。显然，她们说服了这个可怜虫，让他休个假，好带着她们来欧洲玩。母亲和女儿兴奋地围着他，指给他每一件令她们印象深刻的新事物。可是一家之主觉得既疲倦又无聊，一心想着现在办公室的情景，或者棒球世界的动态。最终，他的妻子和女儿终于不抱希望，认为他庸俗得无可救药。她们没有想过，这个人是她们贪欲的牺牲品。不过，这么说也不够准确，就像欧洲人对印度殉夫的寡妇了解得不够准确一样。十个寡妇中可能有九个是自愿殉夫的，她们为了荣耀也为了遵从宗教规定而自焚。商人的宗教信仰和荣耀就是赚大钱，因此，就像印度寡妇一样，他乐意承受折磨。如果那位美国商人想获得幸福，就必须首先改变信仰。只要他不仅渴望成功，还全心全意地相信成功是男人的职责、不成功就是可怜虫，只要他还是那么专注、那么焦虑，就不可能获得幸福。以投资这样的小事为例。相比于利润为4%的安全投资，几乎所有美国人都更喜欢利润为8%的风险投资。其结果是不断亏损，经常担心、忧愁。对我来说，我希望通过金钱获得安逸、有保障的生活。但现代人通常希望通过金钱获得更多金钱，从而炫耀自己的显赫成果，借此超越其他地位相当的人。美国没有固定的社会阶层，不同阶层中的人经常互相流动。因此，相比于阶层固化的社会，人们的势利心理更难满足。尽管钱不足以使人显赫，但没有钱很难使人显赫。而且，挣钱是衡量智力的公认标准。挣钱多的是天才，挣钱少的是傻瓜。没有人想当傻瓜。所以，当市场波动的时候，人们就会像参加考试的学生一样紧张。

应当承认，商人的焦虑常常包含对破产的恐惧。这种恐惧虽不理性，但很真实。阿诺德·本涅特[1]笔下的克莱汉格尽管非常富有，却总害怕自己死在济贫院。我毫不怀疑，那些在童年时代饱受贫困折磨的人，经常担心自己的孩子会遭受同样的痛苦，并且认为赚再多的钱也不够防范这样的灾难。创业者难免有这样的恐惧，但从未经历过极度贫困的人不太可能有这种担心。无论如

---

1 阿诺德·本涅特（Arnold Bennett，1867—1931），英国作家。——译者注

何，对破产的恐惧只是一种次要的且较为特殊的因素。

问题的根源在于，人们过分强调从竞争中获胜是幸福的主要源泉。我不否认，成功的感觉让人更容易享受生活的乐趣。比如说，一个年轻时默默无闻的画家，如果他的才能得到认可，他可能更快乐。我也不否认，钱在一定程度上能增加幸福，但我认为超过一定限度之后，钱的作用就微乎其微。我的观点是：成功只是幸福的一部分，如果为了成功而牺牲幸福的其他部分，未免有些得不偿失。

问题源于商界普遍存在的人生哲学。在欧洲，人们可以从其他圈子获得声望。一些国家保留贵族，大多数国家的陆军和海军备受尊敬，所有国家都有饱学之士。无论一个人从事什么职业，成功路上都会有竞争的因素。然而，人们之所以获得尊重，并不全是因为成功，还因为卓越的品质。科学工作者也许挣钱，也许不挣钱，但挣钱不会使他更受人尊敬。如果一位杰出的陆军或海军上将生活拮据，人们不会惊讶——的确，在这种情况下，贫穷本身就是一种荣耀。因此，在欧洲，纯粹的金钱上的竞争仅限于某些圈子，而这些圈子可能不是最有影响力或最受尊敬的。美国的情况则不同。军队对国民生活的作用很小，因此军队的影响非常微弱。至于博学专业，外行人看不出医生懂多少医学知识或者律师懂多少法律，因此，人们比较容易通过生活水准判断他们的收入水平，从而评估他们的价值。还有大学教授，他们是商人的雇员，因此远不如传统国家的教授受人尊重。这一切都导致美国的职业人士效仿商人，而不像欧洲那样形成独立的圈层。所以，在这个富裕阶层中，没有什么可以阻止人们为了纯粹的经济上的成功而斗争。

美国男孩从小就认为，经济上的成功是唯一重要的事情，任何没有金钱价值的教育都不能提起他的兴趣。教育曾被认为是训练获得乐趣的能力——我所说的乐趣，是指受过一些教育才能领略到的更高雅的享受。在18世纪，"绅士"的标志之一就是对文学、图画和音乐有鉴赏力。现在我们也许不认同他们的品位，但至少这种品位是名副其实的。今天的富人则是另一副样子。他们从不读书。如果为了提高知名度而建造画廊，他会请专家替他选画。他从这些作品中得到乐趣的方式，并不是欣赏它们，而是阻止其他富人拥有它们。至于音乐，如果他碰巧是个犹太人，也许会真的喜欢音乐；否则，他就会像面对其他艺术一样缺乏修养。结果是他不知道怎样打发空闲时间。随着他越来越富有，赚钱也越来越容易，直到最后，五分钟内赚的钱已经多到不知该怎么花。这个可怜的人因为成功而陷入了困境。只要把成功当成生活的目标，结果就必然如此。除非教会一个人成功之后如何对待成功，否则成功就会使他饱受无聊的折磨。

竞争的思维习惯很容易入侵不需要竞争的领域。以阅读为例。读书有两种动机，一是获得乐趣，二是满足虚荣。美国的太太们流行每个月读几本特定的书（或者好像读了）。有人读完了，有人读了第一章，有人读了书评，但所有人都把这些书摆在桌子上。然而，她们不读名著。读书俱乐部从来没有在哪个月选择《哈姆雷特》或《李尔王》，也没有在哪个月觉得有必要了解但丁。因此，她们读的全是平庸的现代读物，从没有什么名著，这也是竞争的结果。但或许没有那么糟糕，因为如果让她们自己选书，反而比不上她们的文学导师。

现代生活之所以强调竞争，与文明标准的普遍衰落有关，就像奥古斯都[1]时代之后的罗马。人们似乎已经无法享受更需要智识的乐趣。例如，18世纪法国沙龙中臻于完美的"漫谈"艺术，在40年前[2]还是一项活跃的传统。这是一种高雅的艺术，让人们为一些转瞬即逝的事物充分发挥潜能。但在我们这个时代，谁还关注这么悠闲的东西呢？在10年前的中国，这种艺术还很兴盛，但我猜想，民族主义那种传教士般的热情已经把它席卷一空。50年前或100年前受过教育的人普遍具有良好的文学修养，但现在仅限于少数几位教授。所有更恬静的乐趣全被抛弃了。春天，一些美国学生带我在校园的林间散步，林间开满了美丽的野花，但没有一个向导知道这些花的名字。这种知识又不能增加收入，有什么

---

1 奥古斯都，原名盖乌斯·屋大维·图里努斯（前63—公元14），是恺撒的养子和继承人，也是罗马帝国的开国皇帝。——译者注

2 本书于1930年出版。——编者注

用呢？

问题不在于个人，个人也无法独力解决。问题的根源是一种普遍存在的人生哲学。根据这种哲学，生活就是一场竞赛，赢家才能得到尊重。这种观点驱使人们牺牲感觉和智力，过度培养意志力——我们本末倒置了。清教主义的道德家最初看重信仰，近代却开始强调意志力。也许清教主义的时代产生了一个意志过度发展、感觉和智力极度枯竭的种族，他们选择了最符合自己本性的竞争哲学。这些现代恐龙就像史前恐龙一样热爱力量胜过热爱智慧。然而，不管怎样，他们取得的巨大成就让其他人纷纷效仿：世界各地的白人都已经采取这种模式，这种模式在未来一百年可能会更加普遍。然而，恐龙并没有取得最终的胜利，它们相互残杀，王国被聪明的旁观者霸占。那些不追赶潮流的人可能因此得到安慰。"现代恐龙"也在自我灭绝。一般来说，每对夫妻不会养超过两个孩子，生活的无趣使他们不想生儿育女。从这一点来说，他们从清教徒先祖那儿继承的奋斗哲学，显得与这个世界格格不入。那些认为生活毫无乐趣以至放弃生儿育女的人，他们在生物学意义上已经宣告失败。过不了多久，他们就会被更快乐、更愉悦的物种取代。

人们认为竞争是生活的主体，但它太残酷、太坚韧、太需要紧绷肌肉和神经，因此顶多成为一两代人的生活基础。一两代之后，它就会使人神经疲劳，想要逃避，寻欢作乐也会像工作一样紧张和困难（因为放松已不可能）。最后，由于不生育，整个家族都会消亡。竞争哲学不仅毒害了工作，还毒害了休息。那种恬静的、让人恢复神经的休息现在也变得无聊。这将导致人们不断加快速度，结果就只能靠药物维持，最后走向崩溃。治疗的方法就是：保持平衡，理智且平静地接纳生活中的娱乐。

第四章

无聊与兴奋

作为人类行为的一种动机，我认为无聊获得的关注远远不够。我相信，无聊一直是各个历史时期最伟大的动力之一，今天更是如此。无聊似乎是人类特有的情绪。的确，圈养的动物也会看上去无精打采，它们来回踱步、呵欠连天，但在自然状态下，我相信它们不会有类似无聊的体验。大多数时间里，它们在防范天敌，或者在寻找食物，或者两者同时进行；它们有时在交配，有时设法取暖。但即使它们不快乐的时候，我也不觉得它们会感到无聊。类人猿在许多方面和人类相似，也许它们会感到无聊，但我从没有跟类人猿一起生活，因此没有机会做这个实验。无聊的关键是，人们体验着当下的环境，同时不可抑制地想象着更令人愉悦的环境，这两者存在反差。人的机能无法被充分利用，这是无聊的另一个关键。从夺命仇敌手中逃跑是不愉快的，但一定不会无聊。一个人在被处决的时候也一定不会感到无聊，除非他有超人的勇气。已故的德文郡公爵[1]在上议院发表初次演说时打了哈欠，令他的同僚钦佩不已，但除他以外没有人做过同样的事情。从本质上说，无聊就是希望有事发生，这事不一定是好事，但肯定让那些无聊患者知道今天与昨天不同。总之，无聊的反面不是快乐，而是兴奋。

人类对兴奋的渴望是根深蒂固的，男性尤其如此。我想，相比于后来的时代，游猎时代人们的兴奋欲更容易得到满足。狩猎令人兴奋，战争令人兴奋，求偶令人兴奋。野蛮人会设法与一个丈夫就睡在身边的女人通奸，尽管他明知道如果她丈夫醒来自己就会丧命。我想，这种情况不可能无聊。但是，随着农耕时代的来临，生活变得越来越乏味，当然，贵族除外，他们仍然停留在游猎时代。我经常听人抱怨操纵机器单调乏味，但与大多数博爱者的主张相反，我认为机器时代极大地减少了世界上的无聊，至少不会比采用旧式方法耕种更加乏味。工薪族在工作时间不是孤单一人，在夜晚也有各种各样的消遣，这在旧式的村庄是不可能的。再想想下层中产阶级的生活。以前，吃完晚饭，妻子和女儿打扫干净，一家人围坐在一起，享受所谓的"幸福家庭时光"。这实际的意思是一家之主去睡觉，妻子缝缝补补，女儿们觉得还

---

1 德文郡公爵是英格兰贵族卡文迪什家族所持有的爵位。这里指的是第八代德文郡公爵（1833—1908），他从政40余年，担任过印度事务大臣和陆军大臣，曾3次拒绝出任总理。书中提到的他在演说时打哈欠是一个传说。——译者注

不如死了好，或者宁愿到很远的地方去。她们不能阅读，不能离开房间，因为理论上来说父亲将在夜晚跟她们谈心，这将是一场"令人愉悦"的谈话。如果幸运，女儿们最后都结了婚，她们的孩子也像她们一样度过惨淡的青春。如果不幸运，她们就会变成老处女，最后也许会变成堕落的淑女——她们的命运就像野蛮人的祭品一样悲惨。当我们评价一百年前的世界，所有这些关于无聊的重担就压在我们心头：时间越往前，世界就越无聊。想象一下，冬天的中世纪村庄有多么单调。人们既不会读书也不会写字，天黑后只能用蜡烛照明，唯一不那么冷的房间里飘满了炉火中的浓烟。道路几乎无法通行，所以很难看到其他村子的人。无聊一定是猎巫[1]的成因之一，因为这是唯一能够使冬夜活跃起来的事情。

　　祖先比我们无聊得多，我们却比祖先更害怕无聊。我们开始意识到——或者相信——无聊并不是人类本性的一部分，如果我们全力追求刺激，就可以避免无聊。现在的女孩子可以经济独立，很大程度上正因为如此，她们才能晚上出去寻找刺激，逃避她祖母小时候不得不忍受的"家庭幸福时光"。但凡能住在城里的人都住在城里；在美国，不能住在城里的人都拥有小汽车，或

1　猎巫（Witch-hunt）原指搜捕巫师或施展巫术的人，并以宗教的方式审判。它最初源于对未知的恐惧和对巫术的忌惮，后来演变成一种公报私仇、打击异己的手段，被视为一种道德恐慌和政治迫害。——译者注

者至少有摩托车，可以乘车或骑车去电影院。当然，他们家中也有收音机。年轻男女约会的难度比以前小多了，简·奥斯汀的女主角在整部小说中期待的那种兴奋，每个女佣每周至少体验一次。随着社会地位的提高，我们对兴奋的追求变得越来越强烈。那些有财力的人不停转场，他们唱歌、饮酒，把欢乐从一个地方带到另一个地方，出于某种原因，他们总是希望在新地方获得享受。那些不得不赚钱养活自己的人必然会在工作时间觉得无聊，而那些富有的、不需要工作的人，就可以彻底摆脱无聊，过上理想的生活。这是一种贵族式的理想，我绝不加以指责，但恐怕与其他理想一样，理想主义者低估了实现它的难度。毕竟，昨天夜晚越有趣，今天早晨就越无聊。况且之后还有中年，甚至有老年。20岁的人觉得自己顶多活到30岁。而我已经58岁，就再也不这样想了。像消耗经济资本一样消耗生命资本，这是不明智的。或许，有的无聊对生活是必要的。希望摆脱无聊是很正常的愿望，事实上，只要有机会，每个种族都会表达这种愿望。野蛮人第一次尝到白人手中的酒，发现终于有一种办法可以逃避旷日持久的无聊。于是，只要政府不干预，他们就一直醉生梦死。战争、屠杀和迫害都是逃避无聊的一种办法，甚至与邻居吵架也好过无所事事。因此，对伦理学家而言，无聊是一个至关重要的问题，人类至少有一半罪恶是因为害怕无聊。

　　然而，无聊并不完全是罪恶的。无聊有两种，一种是有价值的，一种是无意义的。有价值的无聊是为了规避自我麻醉，无意义的无聊则源自无所事事。我不是说麻醉对生活起不了什么作用。例如，有些时候一位明智的医师会给患者使用麻醉剂，我相信这种情况比禁酒主义者预想的要多。但是，对麻醉上瘾是有害的，不能放任这种本能冲动。习惯了麻醉却不能麻醉，这种无聊我认为只能靠时间消解。在一定范围内，这些关于麻醉的理论现在也适用于各种各样的兴奋。充满兴奋的生活是令人筋疲力尽的，在这样的生活中，只有越来越强的刺激才能维持兴奋，少了这种兴奋，生活就没有乐趣。习惯了太多刺激的人，就像是病态的对胡椒上瘾的人，最后，即使让别人窒息的胡椒量，也不足以让他兴奋。只有忍受些许无聊，才能避免过度兴奋。过度兴奋不仅有害健康，还会使人对各种乐趣变得迟钝，用刺激取代了深刻的官能满足，用小聪明取代了智慧，用哗众取宠取代了真正的美丽。我不想过于极端地反对兴奋。适量兴奋有益健康，但与任何东西一样，问题的关键在于量：太少则让人上瘾，太多则令人疲惫。忍受无聊的能力是幸福生活的关键，是应该教给年轻人的东西。

　　所有伟大的著作都有无聊的部分，所有伟大的人生都有无聊的时光。如果《旧约》作为一份新手稿第一次交到某个现代美国出版商手中，他会是什么反应？不难想象，他可能认为这是家谱。他会说："亲爱的先生，这一章不够生动；关于这些人的介绍太少了，你不能指望读者对一串人名感兴趣。我承认，故事开头风格别致，起初我印象很好，但你的整个故事一点儿悬念都没有。请你挑出重点，删掉冗余，把手稿缩减到适当的篇幅，再重新给我。"现代出版商之所以会这么说，是因为他知道现代读者害怕无聊。对于孔子的经典、《古兰经》、马克思的《资本论》以及所有畅销的圣书，他都会说同样的话。不仅是这些圣书，就连最好的小说也有无聊的段落。一本从头到尾都精彩绝伦的小说不是伟大的书。除了极少数伟大时刻外，伟人的生活也平淡无奇。苏格拉底可以不时参加宴会——毒堇[1]草的毒发作时，他一定从谈话中获得了极大的满足——但他一生的大部分时光，只是安静地和赞西佩[2]度过。他会在下午散步，可能会顺便见几个朋友。据说，康德一生从未走出过家乡柯尼斯堡10英里[3]。环游世界后，达尔文在自家房子里度过余生。马克思鼓动了几场革命，然后决定在大英博物馆安享晚年。总之，我们会发现，能忍受平淡的生活是伟人的特质，他们的乐趣并非来自外人眼中的那种兴奋。如果没有持之以恒的努力，就不可能取得伟大的成就。这种努力既引人入胜，又艰苦卓绝，让人没有精力做其他更费力的消遣。当然，假日里用来恢复体力的活动除外，攀登阿尔卑斯山可能是最

---

1 毒堇，一种欧洲常见的毒草，相传苏格拉底被处死时就是喝了毒堇的汁液。——译者注

2 赞西佩，苏格拉底的妻子。——译者注

3 英里：英美制长度单位，约合1.6093千米。——编者注

好的例子。

　　生活或多或少有些单调，应当从小培养忍受单调生活的能力。在这方面，现代父母简直应该受到谴责，他们给孩子提供太多消极的娱乐——比如电视、美食——他们没有意识到，对孩子而言，能忍受日复一日的平淡生活是很重要的，至少大多数情况下如此。童年的乐趣应该主要由孩子通过自己的努力和创造，从自己的环境中获得。令人兴奋又不费力的乐趣应当少之又少，比如看戏。从本质上说，兴奋就是毒品，使人上瘾并越陷越深，而在精神兴奋的同时，肉体会变得滞钝，这与本性相悖。孩子就像幼苗，让他在同一块土壤上自由生长才能发育得最好。太多的旅行，太繁杂的印象，不利于年轻人成长，反而使他们在成长过程中无法忍受有价值的无聊。我不是说无聊本身有价值，我只是说，没有一定程度的无聊，某些好事就不会发生。以华兹华斯[1]的长诗《序曲》为例，但凡读过的人都知道，无论华兹华斯在思想和情感上表达了什么价值，世故的都市青年都不可能领会到。如果为了达成严肃、有益的目的需要忍受许多无聊，一个男孩或者青年能够自愿做到。但如果这个男孩过着散漫、放荡的生活，那忍受无聊就不会产生有益的效果，因为在这种情况下，他老是想着接下来的快乐，而不是未来的成就。因此，不能忍受无聊的一

1　指威廉·华兹华斯（William Wordsworth，1770—1850），英国浪漫主义诗人。——译者注

代将是无所作为的一代，是与自然的缓慢进程脱节的一代，是生命力像瓶中花朵一样逐渐枯萎的一代。

　　我不喜欢神秘主义的语言，但如果不用诗性的辞藻代替科学的短语，我就不知道该如何表达我的意思。无论怎样想，我们都是大地之子，属于大地生灵，从大地汲取乳汁，就像其他动植物一样。大地生灵的节奏缓慢，秋冬与春夏都必不可少，休息和运动同等重要。与成人相比，小孩尤其需要与大地生灵的枯荣保持一定联系。长久以来，人类的身体已经适应了大地的节奏，复活节就是一个例子。我见过一个在伦敦长大的两岁男孩，他第一次被带到绿色的乡村散步。当时是冬天，处处潮湿泥泞。在成年人眼里，这儿没有什么值得高兴的事物，但男孩心中涌出一种奇异的狂喜，他跪在潮湿的地面上，把脸埋进草丛，发出口齿不清的欢快的呼喊。他体验到的那种快乐，原始、简单、无与伦比。这种官能需求十分强烈，以至那些得不到满足的人很少是健全的。许多种愉悦与大地缺乏联系，其中赌博是一个好例子。这种愉悦一旦结束，人就会感觉失去活力，流露出不满的情绪，总觉得少点什么，却又说不清少的是什么。这种愉悦不会带来我们所说的快乐。另一方面，那些使我们接触大地生灵的愉悦，能让我们获得强烈的满足；当这种愉悦结束的时候，它带来的快乐仍然存在，尽管这种愉悦的强烈程度比不上那些更刺激的消遣。从最简单到最文明的消遣，我所说的这种区别始终存在。我刚才提到的两岁男孩就是以最简单的形式与大地生灵相结合，更高级形式的愉悦出现在诗歌中。莎士比亚的抒情诗之所以美妙绝伦，是因为它充满了与两岁男孩拥抱草丛相同的快乐。想想"听！听！云雀"[1]或者"来吧，来到黄沙的海滨"[2]这样的诗句，你会发现某些情感的文明表达，与两岁男孩口齿不清的呼喊是一样的。或者再想想爱和纯粹的性吸引之间的区别。爱是让整个生命焕然一新的体验，是久旱逢甘霖。无爱之性截然不同，片刻欢愉之后，就只剩下疲惫、嫌恶和空虚。爱是大地生灵的一部分，无爱之性则不是。

现代都市人面临一种特殊的无聊，这是因为他们脱离了大地生灵。生活因此变得燥热、灰暗和焦渴，就像沙漠中的朝圣。对于那些能选择生活方式的有钱人，他们之所以忍受难以忍受的无聊，是因为害怕无聊——尽管这似乎有些矛盾。为了摆脱有价值的无聊，他们陷入了更糟糕的无意义的无聊。幸福的生活很大程度上是宁静的生活，因为只有宁静的气氛才能孕育真正的幸福。

---

1 节选自莎士比亚的剧作《辛白林》（*Cymbeline*），原文为："Hark! Hark! The lark."——译者注

2 节选自莎士比亚的剧作《暴风雨》（*The Tempest*），原文为："Gome unto these yellow sands."——译者注

第五章

疲劳

疲劳有很多种，其中一些是获得幸福的最大阻碍。只要适度，纯粹的身体疲劳往往有利于我们获得幸福，它让你吃好睡好，对欢乐的假期充满期待。但过度疲劳会带来极大的危害。除了最发达的社会，所有农村妇女在30岁便已衰老，她们过度操劳，因此筋疲力尽。早期工业化社会的儿童发育不良，经常因为过度劳累而夭折。同样的事情也发生在工业化刚起步的中国和日本。在某种程度上，美国南部各州也是如此。超过一定限度的体力劳动是残酷的折磨，而这种情况又非常普遍，让生活变得难熬。然而，在现代世界最发达的社会，最严重的疲劳是神经疲劳。奇怪的是，这种情况在富裕阶层最明显，并且在工薪阶层中出现的比例少于商人和脑力劳动者。

在现代生活中，摆脱疲劳是很困难的。首先，在整个工作时间，城镇职工都被噪声环绕——尤其是上下班途中。他尝试屏蔽大部分声音，但仍然筋疲力尽，这主要是因为他潜意识里拼命地不听这些声音。另一个没有被意识到但仍然让我们神经疲劳的，是经常遇见陌生人。人类和其他动物一样，本能地想弄清楚每一个陌生人，然后决定对他报以善意还是敌意。那些在高峰时刻乘地铁的人必须抑制这种天性，他不情愿但又不得不和这些陌生人接触，因此，心中升起无限怒火。还有些人急急忙忙地赶早班火车，结果导致消化不良。因此，当白领工人赶到办公室开启全天工作的时候，他已经神经紧张，可能开始讨厌全人类。老板也同样神经紧张，因此，无法排解员工的情绪。员工害怕被解雇，只好强迫自己举止恭敬，而这种违背天性的行为又加剧了神经紧张。如果允许员工每周抠一次老板的鼻子，或者用其他方式表达自己的想法，那么紧张情绪就能得到缓解。可是，老板也有自己的麻烦，这种方法无济于事。员工害怕被解雇，老板害怕破产。的确，有些老板资产雄厚，不担心破产的问题，但他们攀上高位通常已经经历了多年艰苦卓绝的斗争。在此期间，他必须积极了解全球时事，并不断挫败竞争对手的阴谋诡计。结果是在取得真正的成功后，他的神经已经变得极度脆弱。他习惯了焦虑，在即使不需要焦虑的时候仍然无法摆脱这一习惯。还有一些富二代，他们通常成功地给自己制造焦虑，就像穷人的孩子会面临焦虑一样。他们赌博，招致了父亲的不满；他们熬夜寻欢作乐，使自己的身体变得虚弱。等到他们安定下来的时候，已经变得和他们的父亲一样无法享受幸福。不管是不是情愿，不管有没有选择，大多数现代人过着损耗神经的生活。他们总是疲惫不堪，若无酒精相伴，简直不知道快乐是什么。

先不谈那些愚蠢的富人，让我们想一想较为普遍的情形，即为了谋生从事繁重工作而产生的疲劳。在这种情况下，疲劳很大程度上是源于忧虑，而忧虑可以通过更好的生活哲学以及更多的心智训练来预防。大多数人都无法控制自己的思想，但不对这些问题采取行动，我们就无法停止忧虑。男人把工作上的忧虑带上床，他本应该在夜晚养足精神以便处理第二天的问题，但他辗转反侧，思考在夜晚不可能解决的问题。这不过是失眠时特有的胡思乱想，并不能为第二天找到好方法。有些午夜的癫狂会持续到第二天早晨，让他思维混乱、脾气暴躁，稍不如意就勃然大怒。聪明人只会有目的地思考烦心事，其他时候则考虑其他问题，或者在夜晚放空思绪。我并不是说在面临重大危机又无计可施的时候可以放空思绪，比如破产已经迫在眉睫，或者一个男人怀疑老婆欺骗自己，在这种情况下，只有少数受过思维训练的人才能做到。但是，在平常的日子、不急着处理问题的情况下，摒除一般的烦心事是完全有可能的。令人惊讶的是，通过培养有条理的头脑，只在恰当的时候思考问题，可以同时提高幸福感和效率。如果需要做出艰难的决定，就在收集完数据后尽快想好。一旦做出决定，除非有新的事实，否则不要推翻它。没有什么比犹豫不决更费神，没有什么比优柔寡断更徒劳。

如果意识到引起忧虑的事情微不足道，焦虑就会大大减少。我一生中做过大量公开演讲。起初，听众中的每一个人都令我感到害怕和紧张，这导致我讲得很糟糕。我非常害怕这种折磨，总是希望在演讲之前摔折腿。演讲结束后，我因为神经紧张而筋疲力尽。渐渐地，我说服自己，无论我讲得是好是坏，宇宙都会照常运转。我发现，越不在乎演讲的效果，我讲得越好。渐渐地，神经紧张几乎消失了。这种方法可以缓解大多数神经疲劳。我们的行动并不像我们本能预料的那么重要，我们的成败对万物都没有差别。再大的悲伤也无法摧毁我们。我们以为麻烦会给幸福生活画上句号，但其实它会随着时间的流逝而消失，到最后我们已经想不起这些辛酸往事。这样考虑除了可以安抚自己，更重要的是，一个人的自我只是这个世界的很小一部分，一个人如果把思想和希望寄托在超越自我的事物上，他就能在日常烦恼中找到安宁。纯粹的利己主义者往往做不到这一点。

人们对所谓的"神经卫生学"研究得太少了。的确，工业心理学对疲劳做了详细且严格的调查，统计学证明，如果长时间连续做一件事，你最终会感到疲劳——即使没有大量的科学证据，也能猜出这一结果。心理学家对疲劳的研究主要针对肌肉疲劳，还有一些针对学生。然而，这些研究都没有触及最重要的问题。现代生活中，最重要的疲劳永远是情绪疲劳。纯粹的脑力疲劳就像纯粹的肌肉疲劳一样，会在睡眠中自愈。对于不涉及情绪的脑力工作，比如复杂的计算，白天的大量工作会使人疲劳，这种疲劳晚上睡一觉就能消除。过度劳累造成的危害很少来自劳累本身，而是来自某种忧虑或焦虑。情绪疲劳的问题在于它影响休息。一个人越疲劳，就越不可能停下来。神经崩溃的先兆之一，是相信自己的工作极其重要，认为休假会带来各种灾难。如果我是医生，我会给每一位认为自己的工作极其重要的人开一张休假处方。事实上，在我知道的每一个病例中，由工作引起的神经崩溃都源于病人试图通过工作摆脱情绪问题。他不愿意放弃工作，因为如果他这样做了，他就没有任何借口逃离他自以为不幸的命运，无论这种不幸是什么。当然，问题可能是害怕破产，在这种情况下，他的工作与他的忧虑直接相关。再后来，忧虑促使他延长工作时间，以至判断力开始迟钝，就好像如果他稍一松懈，就会立马破产。在任何情况下，导致神经崩溃的都不是工作，而是情绪问题。

忧虑的心理状态绝不简单。我在前面提到过心智训练，即养成在恰当的时候思考问题的习惯。这很重要，第一，它可以让人在完成日常工作上少花心思；第二，它能治疗失眠；第三，它有助于提高决策效率，增加智慧。但这种方法不触及潜意识或无意识。当问题严重时，不进入深层意识的方法毫无用处。心理学家已经深入研究了潜意识对意识的影响，却很少研究意识对潜意识的影响。然而，后者对心理健康非常重要。如果想让理性信念对潜意识起作用，就必须理解意识对潜意识的作用，这尤其适用于解决忧虑的心理问题。一个人很容易告诉自己，发生种种不幸并不可怕，但如果这种信念是有意识的，就不能在夜晚起作用，也不会阻止做噩梦。我相信，如果具有足够的活力和强度，意识思维可以植入潜意识里。绝大多数潜意识源于曾经高度情绪化的意识思维，现在这些想法被埋藏起来。这种埋藏可能是刻意为之，这样，潜意识就可以用于许多有用的工作。例如，我发现如果我要讨论一个艰难的话题，最好的方法就是全神贯注、绞尽脑汁地思考几小时或几天，最后把工作交给潜意识完成。几个月后，我有意识地回到这个话题，发现工作已经完成了。在找到这个方法之前，我经常在中间的几个月忧心忡忡，因为我没有任何进展。忧虑并没有让我快点找到解决方法，中间的几个月都浪费掉了。现在，我可以利用这些时间做其他事情。类似的方法也适用于焦虑。如果你害怕发生不幸，先认真地、有意识地想一想最糟糕的可能性。你先正视这种可能性，用充分的理由说服自己，这种不幸并不是什么可怕的灾难。这样的理由肯定存在，因为不管情况多么糟糕，发生在一个人身上的事也不会像天塌了一样重要。如果一段时间以来，你一直正视最坏的可能性，并坚定地对自己说："好吧，这也没有什么大不了的。"那么你会发现你的忧虑得到了极大的缓解。这个过程可能需要重复几次，但最终，如果你面对最糟糕的可能性仍然没有逃避，你会发现忧虑完全消失了，取而代之的是一种欢欣。

这是逃避恐惧的一般性方法的一部分。忧虑是一种恐惧，所有恐惧都会产生疲劳。一个学会了不害怕的人会发现日常生活中的疲劳大大减轻了。危害性最大的恐惧总是源于我们不愿正视的危险。有时，可怕的念头突然涌出来，这种念头因人而异，但几乎每个人都有某种潜在的恐惧。有人害怕癌症，有人害怕破产，有人害怕不光彩的秘密被泄露，有人害怕被嫉妒、猜疑所折磨，还有人整夜都在害怕自己年轻时听到的地狱之火的传说成为现实。也许所有这些人都采取了错误的方法处理自己的恐惧。每当恐惧进入脑海，他就试着想其他东西，利用娱乐、工作等分散注意力。不能正视恐惧使所有恐惧更加严重。尝试转移注意力，不敢正视恐惧，使恐惧本身更加可怕。应对恐惧的正确方法是，理性、冷静且全神贯注地思考，直到完全熟悉恐惧。最终，熟悉会冲淡恐惧，恐惧的对象会变得无聊，我们的思想也会偏离到别处。与以往不同的是，这种偏离不是靠意志力，而仅仅是因为对话题缺乏兴趣。如果你发现自己对所有事情都爱多想，最好的办法就是再多想一点儿，直到它病态的魅力最终消失。

恐惧问题是现代伦理学中最不完善的问题之一。的确，人们希望男人拥有体魄上的勇敢，却不希望他们拥有其他形式的勇敢。至于女人，人们不希望她们拥有任何形式的勇敢。勇敢的女人如果想得到男人的喜欢，就必须隐瞒自己的勇敢。男人的勇敢若非仅限于体魄上，也会令人轻视。例如，不在乎舆论被视为一种挑战，公众会尽其所能惩罚敢于蔑视其权威的人。所有这些都是错误的。无论男人还是女人，任何形式的勇敢都应该受到钦佩，就像士兵的体魄之勇一样。年轻男子普遍具有体魄之勇，这可以证明，舆论的鼓励能激发勇气。勇气越多，忧虑就越少，疲劳也会越少。目前男人和女人所遭受的神经疲劳，很大一部分是源于恐惧，无论是有意识的恐惧还是无意识的恐惧。

渴望刺激经常导致疲劳。如果一个人把闲暇时间用于睡觉，他就能保持健康；但如果他的工作时间枯燥沉闷，他就觉得需要在自由支配的时间获得愉悦。问题在于，那些最容易获得的、表面上最吸引人的愉悦，大部分会使神经疲乏。渴望超过一定限度的刺激，要么表明某种扭曲的性格，要么表明一些本能的不满。在幸福婚姻的初期，大多数男人觉得不需要额外刺激。但现代社会人们很晚才能结婚，以至最后当经济条件允许时，刺激已成为习惯，人们只能忍受短时间的抑制。如果舆论允许男人在21岁结婚，并且不必承担当前婚姻生活的经济负担，那么许多男人就永远不会需要那种像工作一样令人疲惫的愉悦。然而，主张这种可能性是不道德的，这一点从林赛法官[1]的命运中可以看出。尽管在漫长的职业生涯中林赛法官备受尊敬，但他还是遭遇了谩骂，唯一的罪名是他希望把年轻人从某种不幸中解脱出来，这种不幸是由前人的偏执造成的。不过，我现在不打算进一步讨论这个话题，因为这是下一章《妒忌》要讨论的内容。

个人无法改变他生活的法律和制度，因此他很难应对专制的道德家所创造并维护的局面。然而，值得注意的是，令人兴奋的愉悦并不是通往幸福的道路。可是，只要还存在无法企及的、更令人满足的愉悦，人们就会觉得除非借助刺激，否则生活简直不堪忍受。在这种情况下，一个人所能做的只有自我约束，屏蔽过多的使人疲惫的愉悦，以免损害健康或妨碍工作。彻底解决年轻人的困境，方法在于改变公众的道德观。眼下，年轻人最好能够意识到他最终是要结婚的，并且使日后婚姻不幸福的生活方式是不明智的。神经紧张和不能享受有教养的愉悦，很容易导致婚姻不幸福。

神经疲劳最糟糕的特征之一，是它在个人与外部世界之间建立起屏障。可以说，世界给他的印象是模糊无声的。除非被一些小动作或怪癖激怒，否则他不再关注其他人。他不能从美食和阳

---

1 林赛法官，指本·林赛（Ben Lindsey，1869—1943），美国法官、社会改革家。他主张年轻男女在结婚前要先试婚一年，一年后由双方决定是否继续在一起。他的主张受到了一些神职人员和民间领袖的反对，认为他宣扬不道德、滥交和自由性爱。林赛因此被逐出法院。——译者注

光中获得愉悦，而往往只紧张地关注几件事情，对其他一切漠不关心。人因此无法休息，疲劳也逐渐增加，最后到了需要药物治疗的地步。他失去了我们在前一章中谈到的与大地的联系，所有这些其实是一种惩罚。但是，要在人口众多的现代化都市中保持与大地的联系，并不是一件容易的事情。说到这里，我又一次发现我们处在宏大社会问题的边缘。在本书中，我不准备讨论这些问题。

第六章

妒忌

妒忌也是导致不幸福的主要原因，仅次于忧虑。我想，妒忌是人类最普遍、最根深蒂固的激情之一。未满周岁的孩子已经能表现出明显的妒忌，教育者应该尽可能审慎地对待。冷落一个孩子、偏爱另一个孩子，即使最轻微的举动也会引起注意和招致怨恨。绝对的、严格的、恒久的公平分配，是每个有孩子的人都应该遵守的。但相比于成年人，小孩子只不过更坦率地表达了自己的妒忌和猜忌（猜忌是妒忌的特殊形式）[1]。这种情绪在成年人和儿童中同样普遍。以女佣为例：我记得我家一位已婚女佣怀孕时，我们说她可以不用提重物，结果其他女佣立刻也不愿意提重物，我们只好自己做这类事情。妒忌是民主政治的基础。赫拉克

---

1 妒忌（envy）和猜忌（jealousy）在英文中有差别，妒忌（envy）是指想获得别人拥有的东西，猜忌（jealousy）是指担心别人拿走自己拥有的东西。——译者注

利特[1]声称，以弗所的所有市民都应该被绞死，因为他们说"我们中不应该有人排在第一位"。希腊城邦的民主运动几乎全是受这种激情鼓动，现代民主也是如此。的确，有一种理想主义的理论认为，民主是最好的政府形式。我个人认为这种理论是对的。然而，在政治实践中，理想主义的理论不可能强大到引起巨大变革；当巨大变革发生时，其理论基础往往是某种激情的伪装。而推动民主理论的激情毫无疑问是妒忌。罗兰夫人[2]经常被描述成一个受献身人民的思想鼓动的贵族女性，阅读她的自传你会发现，她之所以热衷民主，是因为有一次她参观一所贵族城堡，却被领进了用人房间。

在一般的体面女性中，妒忌也起到很大的作用。如果你坐在地铁里，一位盛装打扮的女士从旁边经过，你注意看其他女人的眼睛。你会发现所有女人看她的眼神都充满恶意，竭力从她身上挑毛病——也许衣着更好看的女人除外。喜欢流言蜚语是一种普遍恶意的表达：哪怕毫无根据，一个女人也会立刻相信对另一个女人不利的故事。崇高的道德也具备相同的目的：人们会妒忌那些有机会犯罪的人，同时把对他的惩罚视为美德。这种特殊形式的美德自然是对美德本身的一种奖赏。

---

1 赫拉克利特（约前535—约前475），古希腊哲学家，出生于以弗所的一个贵族家庭。以弗所，古希腊人建立的城市，今位于土耳其。——译者注
2 罗兰夫人（Madame Roland，1754—1793），法国大革命时期的女政治家。——译者注

同样的情况也发生在男人之间。不同的是，女人妒忌所有其他女人，而男人通常只妒忌同行的男人。读者们有没有冒失地在一位艺术家面前称赞另一位艺术家？有没有在一位政治家面前称赞同一政党的另一位政治家？有没有在一位埃及学家面前称赞另一位埃及学家？如果有，那么你很有可能引起了猜忌。在莱布尼茨和惠更斯[1]的通信中，许多信件都在为牛顿疯了的传闻哀叹。他们在信中说："无与伦比的天才牛顿先生居然失去了理智，岂不可悲？"这两位杰出的人物，在一封又一封信中，扬扬得意地流下了鳄鱼的眼泪。事实上，尽管传闻确实是因牛顿的几次古怪行为而起，但莱布尼茨和惠更斯假惺惺哀叹的事情并未发生。

在所有人性的特征中，妒忌是最不幸的。善妒者不但有制造不幸的意愿，还会在不受惩罚的情况下付诸行动。他自己也因为妒忌而不快乐。他不因自己拥有什么而愉悦，反而因别人拥有什么而痛苦。如果可以，他会阻止别人获得利益，在他看来，这就像自己获利一样重要。如果这种激情泛滥，它会扼杀一切优秀品质，甚至埋没卓越的技能。为什么医生可以乘车去治病，而工人必须步行上班？为什么科研人员能在暖和的房间工作，而其他人必须忍受恶劣的天气？为什么对世界有重要作用的奇才可以不必

---

1 戈特弗里德·莱布尼茨（Gottfried Leibniz，1646—1716），德意志哲学家、数学家，以独立发明微积分而知名。克里斯蒂安·惠更斯（Christiaan Huygens，1629—1695），荷兰物理学家、天文学家和数学家。

做繁重的家务？仅凭妒忌是解决不了这些问题的。幸运的是，人性中还有一种补偿性的激情，即羡慕。希望增加幸福的人，就必须增加羡慕，减少妒忌。

有什么方法可以治愈妒忌？对于圣人而言，治愈方法是无私，尽管圣人可能会妒忌其他圣人。我怀疑如果圣西默盎[1]听说别的圣人在更窄的柱子上站了更久，他会不会有些不高兴。但是，撇开圣人不论，对普通人来说，治愈妒忌的唯一方法是幸福，而困难之处在于，妒忌本身是幸福的致命障碍。我认为妒忌很大程度上源自童年的不幸。如果一个孩子发现兄弟姐妹比自己更受宠，他就会养成妒忌的习惯。进入社会后，他就开始搜寻自己面临的不公平，如果不公平的确存在，他就会立刻察觉，否则他也会臆想出某种不公平。这样的人必然不会快乐，因为他总是误以为自己受到轻视；而那些无法时刻关照他情绪的朋友，也会觉得他很麻烦。起初，这个人以为没有人喜欢他，最终他的行为使这种想法成为现实。童年的另一个不幸会导致同样的结果，那就是缺乏父母的关爱。如果一个孩子没有更受宠的兄弟姐妹，他可能觉得其他家庭的孩子得到更多父母的宠爱，这会导致他憎恨其他孩子和自己的父母，长大以后觉得自己是被社会厌弃的人。有些幸福是每个人与生俱来的权利，被剥夺几乎必然导致扭曲和痛苦。

---

1 圣西默盎（St. Simeon Stylites，约公元390—公元459），基督教中的圣人、禁欲主义者，提出了在立柱上生活的修行方法，最窄的立柱只有一平方米。——译者注

但是，善妒者可能会说："治愈妒忌的方法是幸福，那又有什么用呢？只要我还在妒忌，我就不会幸福，你却告诉我等我幸福了就不会妒忌。"但现实生活不会像这样合乎逻辑。仅仅认识到自己为什么产生妒忌，就已经向治愈妒忌迈出了一大步。攀比的思维习惯是致命的。发生了愉悦的事情，我们应该尽情享受，而不是胡思乱想，觉得这种愉悦跟别人的相比不值一提。善妒者会说："今天天气晴朗、春光明媚、鸟儿歌唱、鲜花盛开，但我听说西西里岛的春光漂亮一千倍，赫利孔山[1]的树林中鸟儿的鸣啭更加动听，沙仑的玫瑰花[2]比我花园里的任何一朵都更加可爱。"当他有这些想法的时候，春光已经黯淡，鸟鸣变成毫无意义的叽叽喳喳，鲜花也不值得细看。他以同样的方式对待生活中的其他乐趣。他告诉自己："是的，我的心上人很美，我们彼此相爱，但示巴女王一定可爱得多。我要是有所罗门王的机遇该多好！"所有这些攀比既无意义也很愚蠢。让你不快的是示巴女王还是隔壁邻居，都不重要。聪明人绝不会因为妒忌别人拥有的东西，而停止享受自己已有的东西。事实上，妒忌是一种恶习，部分是道德上的，部分是智力上的。它不从事物本身看待事物，而从事物的关系看待事物。假设我的薪水足以应付我的需求，我本应该感

---

1 赫利孔山，希腊中部的山脉。在希腊神话中，赫利孔山是文艺女神缪斯的圣山。——译者注

2 沙仑的玫瑰花，典出《旧约·雅歌》："我是沙仑的玫瑰花，是谷中的百合花。"（2:1）"沙仑"指平原。——译者注

到满足。但我听说一个我认为比不上我的人的收入是我的两倍，如果我喜欢妒忌，我从已有事物中获得的满足就会立刻变得黯淡，一种深切的不公正感开始折磨我。治愈这一切最好的方法是心智训练，即不思考无益的事情。毕竟，还有什么比幸福更令人羡慕呢？如果我能治愈自己的妒忌，就能获得幸福，成为令人羡慕的人。那个收入是我两倍的人，一定也为另一个收入是他两倍的人而痛苦，以此类推。如果你渴望荣耀，那你会妒忌拿破仑。但拿破仑妒忌恺撒，恺撒妒忌亚历山大，我敢说，亚历山大妒忌根本不存在的赫拉克勒斯[1]。所以，单靠成功不可能摆脱妒忌，因为在历史或在传说中，总有人比你更成功。但你可以通过其他方法摆脱妒忌，比如享受出现在身边的乐趣，做必须做的工作，避免与你臆想的更幸运的人攀比。

不必要的谦虚与妒忌密切相关。人们认为谦虚是一种美德，但我很怀疑过分谦虚能否算得上美德。谦虚的人总是需要鼓舞，不敢尝试他们本可以胜任的事情。谦虚的人总觉得自己比不上身边的人，因此，他们特别容易妒忌，并因妒忌产生痛苦和憎恶。我们应该想尽办法，把孩子培养成自信的人。我相信一只孔雀不会妒忌另一只孔雀的尾巴，因为每只孔雀都觉得自己的尾巴是世界上最好看的。正因为如此，孔雀是一种爱好和平的鸟类。想象

---

1 赫拉克勒斯，希腊神话中最伟大的半神英雄。——译者注

一下，如果孔雀得知自信是不道德的，那么它的生活将变得多么不愉快。每次看到另一只孔雀开屏，它就会对自己说："我不能想象我的尾巴比这更好，这是自负的。可是，我多么希望我的尾巴更好看！那只可恶的鸟也太自以为是了！我要不要拔掉它的一些羽毛？也许那时候，我就不害怕和它比较。"也许这只孔雀会设一个圈套，证明另一只孔雀行为举止另类、道德败坏，并准备在孔雀王的集会上揭发它。渐渐地，这只孔雀设立了这样一个原则：尾巴特别好看的孔雀是不道德的。那么，孔雀王国的贤明君主就会挑选尾巴粗陋的谦逊的孔雀。一旦接受了这个原则，它就会杀死所有漂亮的孔雀，到最后，真正漂亮的尾巴就会模糊在记忆里。就这样，伪装成道德的妒忌胜利了。但是，如果每只孔雀都认为自己是最绚丽的，就没有必要互相倾轧。每一只雄孔雀都希望在竞争中拔得头筹，它们也都认为自己做到了，因为它们相信自己配偶的眼光。

当然，妒忌也与竞争密切相关。我们不会妒忌那种自认为不可能得到的好运气。在社会阶层固化的时代，只要人们认为贫富差别是上帝的旨意，下层阶级就不会妒忌上层阶级。乞丐不会妒忌百万富翁，但他会妒忌更成功的乞丐。当今世界人们的社会地位经常变化，加上民主与社会主义的平等主义理论，极大地扩展了妒忌的范围。眼下这是一种罪恶，但为了实现更公平的社会制度，我们必须忍受这一罪恶。只要理性思考就会发现，除非不平等是因为某些人具有更高的价值，否则不平等就是不正义。一旦人们觉得不正义，消除妒忌的唯一方法就是消除不正义。因此，在我们这个时代，妒忌起着非常重要的作用。穷人妒忌富人，穷国妒忌富国，女人妒忌男人，有才德的女人妒忌无才德却不受惩罚的女人。的确，妒忌是促使不同阶级、不同民族、不同性别之间迈向正义的主要驱动力，然而，这种由妒忌产生的正义可能是最糟糕的一种，因为那是减少幸运者的愉悦，而不是增加不幸者的愉悦。毁灭私人生活的激情也会毁灭公共生活。所以，那些出于理想主义而渴望革新社会制度、促进社会正义的人，一定要寄希望于妒忌以外的其他变革力量。

所有坏事都有内在联系。任何坏事都可能引发另一件坏事，更具体地说，疲劳往往引发妒忌。当一个人觉得不能胜任自己必须做的工作，他就会对一切产生不满，尤其可能妒忌那些工作不怎么繁重的人。因此，减少妒忌的方法之一就是减少疲劳。然而，到目前为止，最重要的就是找到一种能满足天性的生活。许多看似职业上的妒忌其实源自性。一个在婚姻和家庭中幸福的男人，只要他有足够的钱以正确的方式养育孩子，他就不会妒忌其他更富有或更成功的人。人类幸福的本质非常简单，以至久经世故的人说不清自己真正缺少什么。我们前面提到过，一些女人用妒忌的眼神看着每一位盛装打扮的女人——有一点可以肯定，她们没有获得生命本能的幸福。英语国家很少有这种幸福，尤其是女性。文明在这方面已误入歧途。要减少妒忌，就必须设法减少这种状况，否则，我们的文明就有可能在怨恨的疯狂中走向毁灭。以前，人们只妒忌邻居，因为他们对其他人知之甚少。现在，借助教育和新闻，他们知道了人类各阶层的许多事情，但不了解具体的每一个人。通过电影，他们认为自己知道富人如何生活；通过报纸，他们知道外国的许多邪恶；通过宣传，他们知道所有肤色不同于自己的人有过的种种劣迹。你可能会说，是宣传煽动了这些仇恨。但还有一种更浅显的解释。为什么相比于唤起情谊，宣传更擅长煽动仇恨？原因很明显，现代文明已经使人心更倾向于仇恨，而不是情谊。人心之所以倾向仇恨，是因为它不满，它深切地甚至在潜意识里，认为自己已经在某种程度上错失了生命的意义，认为除他以外所有人都获得了自然赐予的美好事物。相比于原始社会，现代人类生活中一定有更多欢愉，但也更加强烈地追求潜在的欢愉。如果碰巧带孩子去动物园，你注意看类人猿的眼睛，当它不表演体操或不砸坚果的时候，眼中会流露出莫名的、紧张的悲哀。我们可以想象，它觉得自己应该变成人，却又不知道怎样变成人。它在进化的道路上迷失了方向。它掉了队，而它的表亲继续前进。同样的紧张和痛苦似乎也进入了文明人的灵魂。他知道身边有东西比自己已有的更好，却不知道在哪里寻找，也不知道如何寻找。绝望之中，他迁怒于同样迷失、同样不幸的同胞。我们已经进化到一定阶段，但还不是最终的阶段。我们必须尽快通过目前的阶段，否则，大多数人将在进化中陨落，其他人则会在疑惑和恐惧中迷失。因此，尽管妒忌是罪恶的，其影响是可怕的，但它并不完全是恶魔。这在某种程度上是一种英雄主义的痛苦，就像人们在暗夜里跋涉，也许迈向更好的安身之所，也许步入死亡和毁灭。想要在这种绝望中找到正确的道路，文明人必须在开阔思想的同时开阔心灵。他必须学会超越自我，才能获得终极自由。

第七章

负罪感

我们在第一章提到过负罪感，现在必须对它进行更全面的讨论，因为负罪感是导致成年人生活不幸福的最根本的心理原因之一。

　　有一种传统的、宗教的犯罪心理是现代心理学家不能接受的。新教徒尤其认同这种心理，它假定每一个被引诱作恶的人都会良心发现，他的恶行可能让他经历两种痛苦：一种是悔恨，这毫无用处；另一种是悔改，能够抵消罪行。在新教国家，许多失去信仰的人甚至会在一段时间内或多或少地接受正统的罪恶观。在某种程度上受精神分析的影响，我们这个时代的情况正好相反：不但非正统的人拒绝接受旧的罪恶观，许多自认为正统的人也是如此。良心不再是神秘的东西，也不再被认为是上帝的声音。我们知道，良心在不同的地方禁止不同的行为，总的来说，良心与地域风俗相契合。那么，当一个人受良心谴责时，究竟发生了什么？

事实上，"良心"一词包含几种不同的感受，最简单的一种是害怕被发现。我相信各位读者的生活无可指摘，但如果问问那些曾经做过错事、一旦败露就会受到惩罚的人，你会发现他在事情即将败露时就悔悟了。我不是指那些把坐牢当成必要风险的职业小偷，而是指那些所谓的"体面罪犯"，比如在紧要关头贪污的银行经理，或者被情欲诱惑有不当行为的牧师。在事情不太容易败露时，这些人会忘记自己的罪行；但如果罪行已经败露或很可能要败露，他就会希望自己曾经更有道德，而这种念头会让他觉得自己犯下了非常严重的罪行。与这种感受密切相连的是害怕被群众抛弃。打牌时出老千，或者欠赌债不还，这样的人一旦被发现就无力抗拒群众的排斥。在这一点上他不像宗教改革者、无政府主义者或革命者，这些人认为，无论当下的命运如何，未来都会与他同在，所以现在人们多憎恶他，未来就会多尊敬他。虽然受到群众的敌视，但他不觉得自己有罪。而那些完全认同群众的道德观并违背了它的人，一旦被群众排挤，就会遭受巨大的痛苦。害怕这种灾难以及灾难带来的痛苦，很容易让他觉得自己的行为有罪。

但以其最重要的形式而论，负罪感是一种更深层的东西。负罪感植根于潜意识，而害怕被人排挤的感受出现在意识里。某些行为在意识里被贴上"有罪"的标签，用不着什么明显的理由去反思。一旦做了这种事，人就会莫名其妙地不舒服。他希望自己能够远离有罪的东西，并且只对他认为内心纯洁的人道以钦佩。他自己成不了圣人，对此他或多或少有些遗憾。的确，他定义的那种圣徒几乎不可能出现在日常生活中。因此，他带着愧疚度过一生，觉得最好的东西都不属于自己，他一生中最崇高的时刻就是流泪忏悔的时候。

几乎在所有情况下，这一切都源于孩子在6岁前从母亲或保姆那儿接受的道德教育。他在6岁前就知道骂人是不对的，必须使用最高雅的语言，他还知道只有坏人才喝酒，烟草违背了至善。他知道人不应该说谎。最重要的是，他知道任何对性的兴趣都是邪恶的。他明白这是母亲的看法，也相信这是造物主的看法。他一生中最大的乐趣就是得到母亲的深情关爱，如果母亲失职，那么他希望得到保姆的关爱，而这种关爱他必须完全遵从道德准则才能获得。他开始把一些模模糊糊、觉得可怕的东西与他母亲或保姆不赞成的行为联系起来。随着年龄的增长，他逐渐忘记了自己的道德准则从何而来，也忘记了违背道德准则的最初责罚，但他没有抛弃道德准则，仍然觉得违背它会造成可怕的后果。

这种幼儿时期的道德教育很大部分缺乏理性的基础，因此，不适用于普通人的日常行为。例如，从理性的角度看，不说"脏话"的人未必更高尚。但实际上，几乎每个人都觉得，对圣人而言，不骂人是至关重要的。从理性的角度考虑，这简直愚不可及。酒精和烟草也是一样。南方的乡村就不认为喝酒的都是坏人，这种看法可能渎神，因为众所周知，主和使徒都喝葡萄酒。我们很容易抵制烟草，因为所有最伟大的圣人都生活在没有烟草的时代。但这也缺乏理性的论据。认为圣人不应该吸烟建立在这样一种观点之上：圣人不会做只是让自己快乐的事情。这种道德中的禁欲元素几乎已经进入潜意识，但它仍以各种方式发挥作用，使道德准则变得不理性。在理性的道德规范中，只要不以任何人的痛苦为补偿，那么给任何人甚至自己带来快乐都是值得称赞的。如果我们摆脱了禁欲主义的禁锢，那么理想的道德人应该是这样的：只要恶果不超过享乐，他就认为享乐是正当的。再说撒谎的问题，我不否认这个世界谎言太多，我们需要做点什么让世界更真实，但我不认为谎言在任何情况下都毫无道理——每一个理性的人都应该这样想。有一次，我走在乡间的路上，看见一只精疲力竭但还在勉强奔跑的狐狸。几分钟后，我看见了猎人。他们问我有没有看到狐狸，我说看到了；然后他们问我狐狸往哪个方向跑，我就撒了谎。我不认为只有实话实说才是好人。

　　然而，幼年的道德教育中最有害的是性。如果一个孩子接受的是有些严厉的父母和保姆的传统教育，他在6岁时就会把性器官和罪恶联系在一起，在以后的生活中，这种联系都不可能完全消除。当然，俄狄浦斯情结[1]强化了这种感觉，因为他和儿时最爱的女人不可能产生性自由。结果是，许多成年男人认为女人因性而堕落，并且会因此瞧不起自己的妻子，除非他的妻子性冷淡。但如果妻子对他性冷淡，出于本能他会从其他地方寻求满足。然而，即使他暂时获得了本能的满足，也会被负罪感毒害，所以他无法在男女关系中获得快乐，无论是婚内的还是婚外的。对女人而言，如果她总是被教育做一个"纯洁"的人，也会发生同样状况。她会本能地抑制自己的性欲，唯恐从中获得快感。然而，相比于50年前，今天的女性较少有这种情况。我要说的是，在当今受教育的人中，男性的性生活比女性更扭曲，受负罪感毒害更严重。

尽管公共机构还没有意识到，但人们开始普遍认为，幼年时期的传统性教育是有害的。正确的规则很简单：青春期之前不要给孩子灌输任何性道德，更不要让他们觉得自然的生理机能是令人羞耻的。到了需要道德教育的时候，要确保它是理性的，任何观点都要有充分的依据。但在本书中，我想谈的不是教育，我更关心成年人如何最大限度地减少非理性教育造成的荒谬的负罪感。

这里又遇到了我们在前几章讨论过的问题，即强迫潜意识注

---

1 俄狄浦斯是希腊神话中的人物，他阴差阳错地杀父娶母。弗洛伊德用"俄狄浦斯情结"指儿子恋母仇父的倾向。——译者注

意到理性信念——这些信念支配着我们的意识思维。人不要让自己被情绪左右，一会儿相信这个，一会儿相信那个。当有意识的意志被疲劳、疾病、酗酒等原因削弱时，负罪感尤为显著。人们会认为这时的感受（酗酒引起的除外）来自更高级的自我。"魔鬼生病时，也会表现得像圣人。"但是，认为人在脆弱时比在强大时更有洞察力是荒唐的。人在脆弱时很难拒绝幼稚的建议，但无论如何，我们没有理由认为这些建议比官能正常的成年人的信念更好。相反，一个人在精力充沛时用全部理性思考后得出的结论，应该成为他在任何时候都相信的准则。如果方法正确，人们很有可能克服潜意识的幼稚建议，甚至可能改变潜意识的内容。当你开始为某个行为而悔恨，但理性说它并不邪恶时，反思你悔恨的原因，并慢慢说服自己这种悔恨是荒谬的。让你的意识变得清晰有力，使它在潜意识里留下的印象超过保姆或母亲在你幼时留下的印象。不要满足于时而合理、时而不合理的判断。认真审视不合理的事情，绝不敬畏，也绝不屈从。无论何时，当意识里涌入了不合理的愚蠢的想法和感受，你就把它连根拔起，审视它、抵制它。别让自己成为一半理性、一半幼稚愚蠢的生物，不要害怕冒犯曾支配过你的童年记忆。当你软弱愚笨的时候，它就显得强壮睿智；现在你变得强壮睿智，就轮到你去审视它浮于表面的力量和智慧。想一想它值得让你迫于习惯仍然保持敬畏吗？想一想年轻人接受的传统道德教育是否让世界变得更好？想一想那些传统的贤人，他们身上有多少纯粹的迷信？想一想尽管极其愚蠢的禁令防范了各种臆想的道德危险，但几乎没有人提到过成年人真正面临的道德危险。普通人被引诱做的事情，哪些是真正有害的？未受法律惩罚的奸商行为，对员工的苛刻，对妻子和孩子的残酷，对竞争对手的恶毒，在政治冲突中的残暴——这些真正有害的罪行普遍发生在值得尊敬且受人尊敬的公民身上，他们在身边传播痛苦，同时加速毁灭文明。然而，这些人并不会在倒霉的时候认为自己是弃儿，无权要求神的眷顾；也不会因此在噩梦中看到母亲责备的眼神。为什么潜意识的道德观如此脱离理性？因为年幼时照顾他的人信奉的道德是愚蠢的；因为它不源于任何关于个人的社会责任的研究；因为它是由旧的不合理的残余禁忌组成；还因为它本身包含一种病态的成分，这种病态源于曾经困扰濒临崩溃的罗马帝国的精神疾病。牧师和精神被奴役的妇女规定了我们名义上的道德观。那些必须在正常世界扮演正常角色的人，是时候反抗这种病态的愚妄了。

但如果这种反抗想获得成功，使个人获得幸福，使人能够按照一种确定的原则生活，而不是在两种原则之间摇摆，那么他有必要深入地思考并感受理性告诉他的东西。如果只是从表面上摆脱了童年时代的迷信，大多数人会觉得已经够了。他们不知道这些迷信仍然潜伏在意识深处。理性信念一旦出现，就有必要深思熟虑、贯彻执行，审视自己内心有没有与这种新信念相悖的信仰。负罪感偶尔会变得越来越强烈，在这种情况下，不要把它当成一种启示或者上帝的召唤，而应该把它当成某种疾病或弱点。当然，除非引发这种信念的行为违背了理性的道德观。我不认为人应该抛弃道德，我只是认为人应该抛弃迷信的道德，这两者完全不同。

但是，即使一个人触犯了自己的理性准则，我仍然怀疑负罪感是否是实现更好生活的最优方法。负罪感包含自卑怯懦、缺乏自尊。失去自尊对任何人都没有好处。理性的人会像对待别人的不当行为一样对待自己的不当行为，把它当成特定环境的产物。避免不当行为的方法有两种，要么充分认识到这是不当行为，要么尽可能远离产生这种行为的环境。

事实上，负罪感非但不能创造美好生活，还会带来相反的后果。它使人郁郁寡欢、妄自菲薄。由于郁郁寡欢，他可能会对别人提出过分的要求，因为他在人际关系中得不到快乐。由于妄自菲薄，他会怨恨那些优秀的人，会发现妒忌很容易，羡慕却很困难。他会变得难以相处，会发现自己越来越孤独。开放包容的态度不仅让别人快乐，也让自己快乐，因为这种态度使自己备受爱戴。但被负罪感困扰的人几乎不可能有这种态度。这是均衡与自立的结果。它需要所谓的"心理整合"，我指的是人格中的各个层面——意识、潜意识和无意识——可以和谐工作，而非争斗不休。在大多数情况下，明智的教育可以创造这种和谐，愚昧的教育则很难。这是精神分析学家打算做的事情，但我相信大多数情况下患者可以独立完成，只在极端情况下需要求助于专家。请不要说："我没有时间做这种心理劳动。我的生活已经够忙了，只好让潜意识顺其自然。"没有什么比发生内讧的人格更能降低幸福感和效率。为了使人格的不同部分和谐工作而花费时间是值得的。我并不是建议某个人每天拿出一个小时自省。在我看来这绝不是最好的方法，因为它加深了自我沉溺，而自我沉溺也是一种需要治疗的疾病。和谐的人格应该向外发展。我的建议是，人应当下定决心遵从理性的信念，不要让不理性的信念随意出现，也不要被它控制，无论多么短暂。当他情不自禁变得幼稚时，只需要自我规劝。如果足够重视，规劝的过程可能十分短暂，所用的时间微不足道。

很多人不喜欢理性，我一直所说的这些东西对于他们似乎无关紧要。有一种观点是：理性若被放任，将扼杀一切深层次的感情。在我看来，持这种观点的人完全误解了理性对人类生活的作用。理性不负责产生感情，但是对于抑制某些危害幸福的感情，理性确实能起一定作用。尽可能减少仇恨和妒忌，这毫无疑问是理性心理学的部分功能。但是，如果认为减少这些激情也会削弱那些合乎理性的激情，那就大错特错了。热烈的爱情、父母的关爱、友谊、仁慈以及对科学和艺术的热爱，这些都是合乎理性的。当理性的人产生了这些感情，他的力量绝不会减弱，因为这些感情都是美好生活的一部分，既给自己又给别人带来快乐。这些激情都不包含非理性的成分，许多不理性的人只有最琐碎的激情。不用担心理性使生活更乏味，相反，理性的人比永远受制于内部冲突的人更能自由地审视世界，也更能自由地借助自己的力量实现外在目标，因为理性主要存在于内心的和谐。没有什么比自我封闭更无趣，也没有什么比注意力和精力的外向发展更令人兴奋。

我们的传统道德已经过度以自我为中心，这是一种不明智的自我关注，罪的概念就是其中一种。错误的道德引发了主观的情绪，对于那些从未跨越主观情绪的人，理性可能是不必要的。对于那些得过这种病的人，理性是必不可少的治疗方式。也许这种病是心智发展的必要阶段。我倾向于认为，那些借助理性跨越了主观情绪的人，比那些没有得过这种病也没有治愈这种病的人，达到了更高的境界。我们这个时代普遍憎恶理性，很大程度上是因为没有一种根本的方法解释理性的作用。人格发生内讧的人寻求刺激和消遣。他热爱强烈的激情，并不是出于充分的理由，而是因为那些激情带他脱离自我，避免了思考的痛苦。对他来说，任何激情都是一种麻醉，因为他无法想象根本的幸福，所以认为只有麻醉才能摆脱痛苦。然而，这是一种顽疾。如果没有这种顽疾，最大的幸福就来自最完全地发挥官能。只有在头脑最活跃、记性最好的时候，人才会体验到最强烈的快乐。这确实是幸福最好的试金石。无论是何种幸福，只要它需要麻醉，就是虚假的、无法令人满足的幸福。真正令人满足的幸福，都是伴随着我们充分运用自身的官能，以及充分认识我们所生活的世界。

第八章

迫害妄想

人们普遍认为，迫害妄想走到极端，就是一种精神错乱。有人总是臆想其他人要杀死他，或者囚禁他，或者带来别的严重伤害。为了保护自己免受臆想中的迫害，这样的人经常采取暴力手段，所以有必要限制他的自由。和许多其他形式的精神错乱一样，迫害妄想不过是放大了一种在正常人中也普遍存在的心理倾向。我不打算讨论极端的形式，那是精神病学家的事情。我想讨论的是更轻微的迫害妄想，因为它经常导致不幸福。当它还没有发展成精神错乱的时候，患者尚可以自己解决，只要他能够正确判断自己的病情，并且意识到病根在于自身，而不在于臆想中的别人的敌意或恶毒。

我们都很熟悉这类人，无论男女，他总是说自己遭受忘恩负义、恶毒和背叛，永远是受害的一方。这些人通常看起来很可信，不熟悉的人会非常同情他。一般来说，单看他讲的每一个故事都是有可能的。他抱怨的那种迫害的确时有发生。最终引起听者怀疑的是，他竟然遇到了那么多形形色色的坏人。从概率上来说，生活在同一社会的人，一生中受到的迫害应该大体相当。在特定的群体中，如果有人声称自己受到了所有人的迫害，原因很可能在他自己：要么他臆想了根本没有发生过的伤害，要么他无意识的行为招致了不可控的愤怒。因此，阅历丰富的人会怀疑那些声称自己总是被全世界迫害的人。前者的缺乏同情，让后者更加坚信每个人都针对自己。事实上，这个问题很难处理，因为无论是否同情都会使问题激化。那些有迫害妄想倾向的人，如果发现人们相信某个悲惨的故事，他就会添油加醋，把故事渲染得非常真实；而一旦人们不相信这个故事，他就又多了一个被迫害的例子。这种疾病只能通过理解来治疗——要想达到目的，必须将这种理解传达给患者。在本章中，我想提出一些一般性的方法，每个人都可以通过这些方法发现自身的迫害妄想倾向（几乎每个人都或多或少地受其折磨），并且能够消除这些倾向。这是幸福之路上的重要一站，因为如果总觉得每个人都在迫害自己，那我们肯定不会幸福。

非理性最普遍的形式之一，是人们对恶毒的流言蜚语所持的态度。很少有人能忍住不说熟人的坏话，有时甚至也会说朋友的坏话，但当人们听到关于自己的流言蜚语，就会感到愤怒和惊讶。很显然他没有意识到，他在讲别人的闲话的同时，别人也会讲他的闲话。愤怒和惊讶是一种温和的态度，如果放大，就成了迫害妄想。我们用温柔的爱和深切的敬对待自己，并且希望别人也这样对待我们。但我们没有想过，不能指望别人对我们好过我们对别人。之所以没有想过，是因为我们关注并看重自己的优点，而别人的优点即使存在，也只出现在宽厚的人的眼里。当你听到某人说你坏话，你只记得有99次你忍着没对他发表最公正、恰当的批评，而完全忘记第100次你不小心说了。你会想，这就是你长期克制的回报吗？然而，在他看来，你的行为和他的行为完全是一样的。你忍住没有说的时候，他根本不知道，他只知道你不小心说了的那一次。如果我们都有读心术，我想第一个后果就是几乎所有友谊都会终结。而第二个后果可能是很好的：因为无法忍受没有朋友的世界，我们将学会喜欢彼此，即使知道对方并不完美，也不需要一层幻觉遮掩我们的想法。我们知道朋友也有缺点，但总的来说我们仍然喜欢他们。然而，我们却不能接受同样的对待。我们希望朋友认为我们完美无缺，和其他人不一样。被迫承认自己有缺点的时候，我们把这个明显的事实看得太重要。我们不应该希望自己完美，也不应该为自己的不完美而烦恼。

迫害妄想的根源是我们总想夸大自己的优点。比如说，我是一个剧作家，显然，每一个公正的人都认为我是这个时代最杰出的剧作家，可由于某些原因，我的剧本很少上演，即使上演也不成功。如何解释这种奇怪的现象呢？很明显，出于这样或那样的原因，经理、演员和评论家联合起来跟我作对。其中的原因在我看来很值得称赞：我拒绝向戏剧界的大人物卑躬屈膝，我不愿意奉承评论家，我剧中的逆耳忠言刺痛了一些人。因此，我的非凡才华得不到认可。

还有那些怀才不遇的发明家。制造商墨守成规，不考虑任何创新，而少数进取的制造商已经有自己的发明家，他们成功阻止了籍籍无名的天才加入；奇怪的是，学术团体要么弄丢他的草稿，要么不读就退回；他向别人求助也莫名其妙地没有回音。这种情况又该如何解释？很明显，有一个关系密切的小团体希望垄断所有发明的利益，不属于这个团体的人他们不予理睬。

还有一种人，他的委屈有事实依据，但他把自己的经验一般化，以为可以从自己的不幸中找到世界的通关法则。比如，他发现了美国特勤局的一些丑闻——为了政府的利益，这些丑闻向来是严格保密的。他无法公布自己的发现，那些看上去最高尚的人也袖手旁观，不肯与令他义愤填膺的罪恶抗争。到目前为止，他的话与事实并无出入。但许多严厉的拒绝让他形成这样的印象：所有有权势的人都在极力掩盖自己的罪行，这些罪行也是他们权势的来源。这样的例子很难反驳，因为这些观点部分是正确的。相比于许多没有亲身经历过的事，这些亲身体验自然给他留下了更深刻的印象。他因此弄错了主次，过分看重个别事实而非普遍事实。

迫害妄想的另一种常见受害者是某类博爱者。他违背别人的意愿为别人做好事，然后因为别人不领情而惊骇。做好事的动机很少像我们想象的那么单纯。权力欲是阴险的，它有许多伪装，为别人做好事让我们感到快乐，权力欲通常是这种快乐的源泉。但有时还有另一种因素掺杂其中。为别人"做好事"通常意味着剥夺别人的一些快乐：饮酒、赌博、闲散等。这种情况中掺杂的因素，也是很多社会道德规范所掺杂的因素，那就是妒忌。我们为了维持朋友的尊重努力避免犯错，却又因此妒忌那些可以犯错的人。例如，那些主张立法禁止吸烟（美国的一些州有或有过这样的法律）的人一定是不吸烟的，别人从烟草中获得的快乐是他们痛苦的来源。如果指望以前的烟鬼派出代表，感谢他帮忙戒除恶习，那他恐怕要失望。于是他可能这样想，他为公共利益奉献一切，那些最应该感谢他的人却最不知感恩。

从前，女主人对用人也有同样的态度，因为女主人负责管束用人的品性。但是如今，用人问题变得如此尖锐，以至女主人很少对用人表现出善意了。

高层政治中也会发生同样的事情。政治家不断集中权力，为了实现更崇高的目标而摒弃逸乐，进入公众生活的舞台。于是当人们转而反对他时，他为人们的忘恩负义感到震惊。他从来没有想过自己的工作除了公共目的还有别的动机，也没有想过掌控大局的乐趣在多大程度上激励着自己。渐渐地，他把讲台上和政党报刊中惯用的套话当成真理的表述，并错误地将带有党派偏见的说辞当成真实的动机。他变得厌世、幻灭，在世界抛弃他之后他也抛弃了世界，后悔曾做过追求公共利益这样吃力不讨好的事情。

从这些例子中我们可以概括出四条普遍准则。如果充分认识到其中包含的真理，就可以预防迫害妄想。第一准则：你的动机并不总像你想的那样无私；第二准则：不要高估自己的价值；第三准则：不要指望别人注意你超过你注意自己；第四准则：不要以为大多数人非常在意你，以至想迫害你。我将依次介绍这些准则。

第一准则：你的动机并不总像你想的那样无私。博爱者与施政者尤其需要怀疑自己的动机。他对世界有全盘的或局部的愿景，这些愿景也许正确，也许错误，他认为实现了自己的愿景就会给全人类或部分人带来福祉。然而，他没有充分意识到，受他行动影响的个人也有同样的权利发表对世界的看法。施政者坚信只有自己的愿景是对的，相反的愿景全是错的。但主观相信不等于客观正确。此外，他们的信念常常是一种伪装，用以掩饰他从思考变革中获得的快乐。在这些例子中，权力欲只是其中一种动机，虚荣心也起到了很大的作用。根据我的经验，那些拥护议会的高尚的理想主义者，当选民嘲讽他只是贪图"国会议员"这个头衔时，他感到十分诧异。等竞选结束有空思考的时候，他突然意识到，也许嘲讽他的选民是对的。理想主义为简单的动机披上了奇怪的伪装，因此在公众人物身上，有少许现实犬儒主义是没有错的。传统道德向人们灌输了一定程度的利他主义，这是人性难以企及的，但那些为自己的美德而自豪的人常常以为自己达到了这一境界。绝大多数人，即使最高尚的人，他们的行动中也有利己动机，无须为此感到遗憾，因为若不如此，人类就无法生存。看到别人吃饭而忘了自己也需要吃饭的人会灭绝。当然，不排除他摄取营养仅仅是为了获得必要的力量，以便再与邪恶对抗，但由于唾液得不到足够的刺激，仅凭借这种动机能否消化食物还要打个问号。因此，一个人为了口腹之欲吃饭，要胜过他为了公共利益吃饭。

适用于饮食的道理也适用于其他事情。无论什么事，都要在一定的热情的驱使下才能被完成；而如果没有一定的利己动机，热情很难产生。从这一点来说，利己的动机应当包括生物学上与自己相关的人，比如保护妻子和孩子的冲动。这种程度的利他主义是正常人性的一部分，但传统道德灌输的利他主义不是，而且很难真正达到。有些人希望自己的美德受到高度评价，因此他不得不高估自己的无私。当这种对至善的追求与某种形式的自欺联系起来时，很容易导致迫害妄想。

第二准则：高估自己的价值是不明智的。我们已经说过其中关于道德的内容。但除了道德外，其他价值也不该被高估。剧作家的剧本一直没有成功，他应该冷静地考虑是不是剧本很差，不能认为这一假设明显不可靠就置之不理。如果这符合事实，他应当像擅长归纳的哲学家一样坦然接受。的确，历史上有怀才不遇的故事，但蛟龙得水的故事更多。如果一个人是得不到时代认可的天才，他仍然坚持自己的道路，这是完全正确的。但如果他是一个受虚荣心驱使的毫无天赋的人，最好趁早放弃。如果某人因为创作不被承认而苦恼，我们无法判断他属于哪一类——如果属于前者，继续坚持就是一种英雄主义；否则就有些荒唐可笑。在你死后一百年，才有可能知道自己属于哪一类。在此期间，你觉得自己是天才，朋友却怀疑你不是。有一种虽不准确但很有用的鉴定方法：你的创作究竟是源自表达特定想法或感受的迫切冲动，还是因为渴望赞美？真正的艺术家也强烈地渴望赞美，但这是次要的。从某种意义上说，艺术家想创作某种作品，并希望得到赞美，但即使得不到赞美他也不会改变自己的风格。相反，如果创作的主要动机是渴望赞美，那么他就会缺乏表达特殊感情的内在力量。因此，他也可以从事完全不同的工作。在这种情况下，如果他的艺术得不到赞美，最好放弃。推而广之，无论从事什么行业，如果你发现别人对你能力的评价永远比不上你的自我评价，不要执着地认为是他们错了。如果你真的这样认为，你就很容易相信，有一个阴谋集团在阻止别人认可你。这种想法肯定是不幸生活的根源。认识到你的价值没有自己想的那么高，这可能会带来短暂的痛苦，但苦尽甘来，最终你可能过上幸福的生活。

第三准则：不要对别人期望过高。过去，身体有病的母亲通常希望至少有一个女儿全心全意地服侍她，甚至不许这个女儿嫁人。这是期望另一种利他主义，这种利他主义在一定程度上是非理性的，因为利他者的损失超过了利己者的收获。每个人都是从自己的角度、以自己的立场去看待生活，而不是从你的角度、以你的立场，这是与人相处时很重要但又很容易被遗忘的一点，尤其是与最亲近的人相处时。不要指望任何人为了别人扭曲自己的生活。有时，某种油然而生的强烈感情会让最大的牺牲变得自然而然，但如果牺牲不是发自内心的，我们就不应该牺牲，也不应该责备没有牺牲的人。在很多时候，人们对其他人的抱怨不过是一种合理的反应，是自己的本能利己对抗他人的过度贪欲。

第四准则：要意识到别人考虑你的时间远少于你考虑自己的时间。癫狂的迫害妄想患者总以为各种各样的人从早到晚都在企图伤害这位可怜的疯子，但实际上他们都有各自的嗜好和兴趣。类似地，相对理智的迫害妄想患者认为别人的所有行为都与自己有关，但实际上没有这回事。当然，这种想法满足了他的虚荣心。如果他足够重要，这种想法倒可能是真的。很长一段时间里，英国政府的行动主要是为了挫败拿破仑。但如果一个不那么重要的人想象着别人总在算计他，那他肯定是疯了。比如，你在一次宴会上发表了演说，然而报纸上刊登了其他发言者的照片，却没有刊登你的。这该怎么解释呢？很明显不是因为其他发言者更重要，一定是因为报纸的编辑得到命令，有意要忽略你。为什么他们会得到这样的命令？显然，你的重要性让他们害怕。遗漏你的照片本是一种怠慢，通过这种方式却变成了精巧的恭维。但这种自欺不能带来稳固的幸福。在内心深处，你知道事实并非如此，为了尽可能对自己隐瞒，你将不得不编造越来越多离奇的假设。最终，你越来越难以相信这些假设。而且，这些假设会让你相信社会普遍敌视你，它们会让你体验到与世界格格不入的痛苦，而这一切只是为了保护你的自尊。基于自我欺骗的满足感是不可能可靠的。而无论真相多么恼人，最好还是正视它、习惯它，并依照它重新构建你的生活。

第九章

畏惧舆论

生活方式和世界观得不到社交圈的认可，尤其是得不到家人的认可，这样的人很少能够幸福。这是现代社会的特点，人们依据道德和信仰划分成不同的群体。这种状态始于宗教改革，也有人说始于文艺复兴，并在以后变得越来越明显。新教徒和天主教徒不仅在神学上有分歧，而且在许多实际事务上也有分歧。贵族允许的一些活动，为资产阶级所不容。接下来出现了自由主义者和自由思想家，他们不接受宗教仪式的义务。而今天的整个欧洲大陆，社会主义者与其他人存在深刻的分歧，这种分歧不仅涉及政治，还涉及生活的方方面面。英语国家的分歧非常多。一些人赞赏艺术，另一些人认为艺术是魔鬼，至少现代艺术如此。对帝国的忠诚，一些人认为是至高美德，另一些人认为是罪恶，还有一些人认为很愚蠢。墨守成规的人把通奸视为最严重的罪行，而今大多数人认为，通奸尽管不值得称道，但也是可以原谅的。天主教徒完全禁止离婚，而大多数非教徒认为离婚是缓和婚姻的必要手段。

由于所有这些观点上的差异，一个有特定品位和信念的人会发现自己在一个群体中属于异类，尽管他在另一个群体中是被接纳的普通人。大量的不幸就是这样产生的，尤其是在年轻人中间。年轻男女以某种方式接受了流行的观点，却发现这种观点被他生活的环境严厉排斥。年轻人很容易认为自己唯一熟悉的环境代表了整个世界。他们简直不敢相信，他们因为害怕被视为离经叛道而不敢公开承认的观点，在另一个地方或另一个群体中竟是同龄人的正常想法。因此，由于对世界的无知，人们忍受了大量不必要的痛苦。一些人只是在青年时期忍受这样的痛苦，另一些人一生都在忍受。这种孤立不仅是痛苦的源泉，还会让人毫无必要地浪费精力，通过保持心智独立来对抗充满敌意的环境。在99%的情况下，人们不敢按照自己的想法得出合乎逻辑的结论。在勃朗特姐妹[1]出书以前，她们从没有遇到过志趣相投的人。这没有影响到豪放、大气的艾米莉，但的确影响了夏洛蒂。尽管夏洛蒂才华横溢，但她的人生观在很大程度上还是与家庭教师相同。

---

1 勃朗特姐妹，指3位英国著名的女作家，她们是亲姐妹。大姐夏洛蒂·勃朗特（Charlotte Brontë，1816—1855），代表作《简·爱》（*Jane Eyre*）；二姐艾米莉·勃朗特（Emily Brontë，1818—1848），代表作《呼啸山庄》（*Wuthering Heights*）；三妹安妮·勃朗特（Anne Brontë，1820—1849），代表作《女房客》（*The Tenant of Wildfell Hall*）。三姐妹都做过家庭教师。——译者注

布莱克和艾米莉·勃朗特一样生活在极度的精神孤立中，也和她一样足够强大，能够克服精神孤立的不良影响，因为他坚信自己是对的，而批评他的人是错的。下面这句诗表达了他对舆论的态度：

> 我认识的人中唯一不令我作呕的，
>
> 是菲斯利。他既是土耳其人又是犹太人。
>
> 所以，亲爱的基督徒朋友，
>
> 你能拿我怎么样？[1]

　　但内心如此强大的人很少。对几乎每个人来说，必须在有共鸣的环境中才能获得幸福。当然，大多数人都能对环境产生共鸣。他们在青年时代吸纳流行的偏见，本能地使自己适应周围的信仰和风俗。但对于众多的少数派，包括几乎所有有知识和懂艺术的人，他们不可能有这种顺从的态度。假设一个人出生在小城镇，他在年轻时就会发现自己生活的环境敌视一切有益于心智发展的东西。如果他想读严肃书籍，别的男孩会瞧不起他，老师会说这些书蛊惑人心。如果他喜欢艺术，同龄人会觉得他缺乏男子气概，长辈会认为他道德败坏。不管他向往的职业多么体面，只要在他生活的圈子里很少见，别人就会说他异想天开，告诉他子

---

1 节选自威廉·布莱克的诗作《论敌友》（*On Friends and Foes*）。菲斯利，指约翰·菲斯利（Johann Fuseli，1741—1825），英国画家、艺术家。——译者注

承父业再适合不过。如果他对父母的宗教教义或政治立场表现出一点儿不满，就会惹上大麻烦。所以，对于大多数有特殊才华的年轻男女，青春期是非常不幸福的。也许对于他们平庸的同伴，这是一段快乐的时光。但这些想学习严肃知识的人，在他碰巧降生的那个社会环境里，他无法向长辈或同龄人学习这些知识。

当这样的人进入大学，他可能结识志趣相投的人，并享受几年非常幸福的日子。离开大学后，如果幸运，他也许能找到一份工作，与志趣相投的人共事。住在伦敦或纽约等大城市的聪明人，通常可以找到投缘的一群人，和他们相处时不必拘谨和做作。但如果工作要求他生活在较小的圈子里，尤其是如果他需要在普通人面前保持体面的形象，比如医生或律师，他可能终其一生都必须向他遇到的大多数人隐瞒自己的品位和信念。美国幅员辽阔，这种情况更加普遍。无论东南西北，在所有你意想不到的地方，都存在着一些孤独的人，他们从书上知道自己在别的地方不会孤独，却没有机会去那里生活，也极少有机会来一场投机的聊天。对于那些没有布莱克和艾米莉·勃朗特那么大气的人，不可能在这种环境下获得真正的幸福。要想获得真正的幸福，必须设法减少或规避舆论暴力，让极少数的聪明人相互了解，享受社交的乐趣。

在很多情况下，不必要的胆怯使问题变得更糟。有些人畏惧舆论，有些人漠视舆论，而舆论对前者更加暴虐。对于那些怕狗的人，狗吠得更欢、咬得更快。人类社会也有类似的特征。如果你表现出畏惧，别人就会把你当成好猎物；如果你表现得淡漠，别人就会怀疑自己的力量，不去招惹你。当然，我没有考虑极端的蔑视。如果你在英国肯辛顿主张苏联流行的观点，或者在苏联主张肯辛顿流行的观点，恐怕要后果自负。我不考虑极端的情况，而是考虑更温和的有悖传统的行为，比如穿着不得体、不信教，或者读有智慧的书。如果不是故意挑衅，而是出于快乐和漫不经心，即使最保守的社会也会容忍这种行为。渐渐地，人们可能开始接纳这个疯子，在别人身上绝不可饶恕的事情，于他，是可以容忍的。这在很大程度上是一种善良的天性和友好的态度。保守的人对背离传统感到愤怒，很大程度上是因为背离传统是在批评他们。如果一个人足够快乐友好，让即使最愚蠢的人也相信这不是在批评他，那么这种离经叛道就会得到宽恕。

然而，对于许多品位和观点与社会格格不入的人来说，这种逃避责难的方法行不通。社会的不支持导致他不安、好战，尽管他会表面顺从，设法避免尖锐的问题。因此，那些不适应周围人群风俗的人通常易怒、不安，缺乏幽默感。如果把这种人放在不排斥他观点的人群里，他就会彻底改变性格。以前他严肃、羞怯、孤僻，现在变得快乐、自信；以前他棱角分明，现在变得平易近人；以前他以自我为中心，现在变得合群、外向。

因此，那些发现自己不适应周围环境的年轻人，应该尽可能选择有机会遇到知己的行业，即使他要为此损失可观的收入。他通常认为这是不可能的，因为他对世界的认知非常有限，很容易以为家里的偏见在世界各地都有。理解这个问题需要较多阅历，因此老人应当多指导年轻人。

如今的精神分析通常假设，年轻人之所以不适应周围环境，是因为某种心理障碍。在我看来，这完全是错的。假如一个年轻人的父母认为进化论是邪恶的。在这种情况下，他但凡有智力就会与父母格格不入。不适应周围的环境当然是一种不幸，但这种不幸并不值得不惜一切代价去避免。当周围环境愚蠢、狭隘、残忍，不适应环境就是一种美德。几乎每个环境都或多或少有这些特征。伽利略和开普勒有过"危险的思想"（这是在日本的说法），今天最有才华的人也是如此。社会意识不应该强大到让人畏惧自己的观点可能引发的社会敌意，而应当尽可能减少甚至消除敌意。

在现代社会，这个问题主要出现在年轻人身上。人一旦选择了合适的职业，进入了合适的环境，他就很可能摆脱社会的烦扰。可如果他还年轻，自身价值未被检验，他就很可能被无知者摆布——那些人自以为能够评判自己一无所知的事情，如果有人说阅历丰富的他们对世界的了解不如年轻人，他们就会怒不可遏。许多人最终逃脱了无知者的专横，但他们经历了艰苦的斗争和长期的折磨，已经变得满腔悲愤、筋疲力尽。人们说天才总会找到出路，这是一种令人宽慰的说法，许多人因此认为，社会对年轻天才的烦扰并不会造成多大危害。但是，这种说法毫无根据，就像人们说"杀人犯总会落网"一样。显然，我们所知道的杀人犯都落网了，但谁能确定还有多少杀人犯是我们根本没有听说过的呢？类似地，我们听说过的天才都战胜了逆境，但不能因此假设没有天才在年轻时被埋没。而且，这不仅是天才的问题，也是社会所需要的各种有才能的人的问题；这不仅涉及崭露头角，还应当不满腔悲愤、不筋疲力尽地崭露头角。总之，青春之路不应关山阻隔。

老人应该尊重年轻人的愿望，而不是年轻人应该尊重老人的愿望。原因很简单，这两种情形都只关涉年轻人的生活，与老人的生活无关。如果年轻人企图控制老人的生活，比如反对寡居的父母再婚，这就像老人企图控制年轻人的生活一样是错误的。老人和年轻人一样，只要是在能自由行事的年龄，都有权做出选择，如果必要，也有权犯错。年轻人在所有重大问题上都顺从老人是不明智的。假设你是一个梦想当演员而遭到父母反对的年轻人，他们认为演员道德败坏或社会地位不高。他们可能给你各种压力，威胁你不听话就断绝关系，警告你过不了几年肯定会反悔，甚至会列出一些可怕的例子，说明鲁莽行事的年轻人最终下场悲惨。他们认为你不适合当演员，这当然有可能是对的，因为你没有表演天赋，或者你的音色不好。然而，如果真是这样，你很快会从戏剧界人士那里得出这个结论，并仍然有足够的时间转行。父母的意见不应该成为放弃努力的充分理由。不管他们说什么，如果你一直坚持自己的目标，他们迟早会改变主意，也许比你自己或比他们预料的早得多。但另一方面，如果你发现专业人士的意见让你气馁，这是另一回事，因为初学者必须始终尊重专业意见。

总的来说，我认为人们过于在意除专家以外的其他人的意见，无论大事还是小事。我们对舆论的尊重应当以避免饥饿和牢狱为限度，超过这一限度就是自愿屈服于不必要的暴政，还可能让舆论以各种方式干扰幸福。以消费为例。许多人的消费方式不符合他的自然品位，这仅仅是因为他觉得想获得邻居的尊重必须拥有一辆好车，或者能够提供丰盛的晚宴。事实上，明显买得起车却更喜欢旅行或藏书，一定会比效仿其他人更令人尊重。当然，故意嘲弄舆论是没有意义的。嘲弄舆论仍然是以一种颠倒的方式受舆论统治。但真正的漠视舆论既是一种力量，也是幸福的源泉。如果一个社会的男男女女不过分屈从于风俗，这样的社会比所有人整齐划一有趣得多。当每个人的个性都独立发展，人与人的差异就保留下来，在这种情况下结交新朋友是值得的，因为他们跟以前的朋友不一样。这一直是贵族社会的优势之一，因为地位由出身决定，行为便无须整齐。在现代社会，我们已经丧失了这一使社会自由的源泉，所以应该充分认识到整齐划一的危险。我并不是说人应该故意表现得反常，这和循规蹈矩一样无聊。我的意思是，只要不反社会，人就应该保持本性，遵循自己的自然品位。

现代社会由于交通方便，人们不像过去那样依赖地理上的邻居。拥有汽车的人可以把20英里内的任何人当成邻居。因此，他选择朋友的能力比以前大得多。在人口稠密的地方，一个人如果不能在20英里内找到知己，那他肯定很可怜。在人口众多的中心地区，人们不再觉得应该了解自己的邻居，但这种想法在小城镇和乡村仍然存在。这是一种愚蠢的想法，因为社会不再需要依赖近邻。我们结交朋友，更多是因为志趣相投，而不是因为住宅靠近。与气味相投的人交往可以促进幸福。长此以往，社交可能变得越来越多，折磨着众多离经叛道者的孤独会越来越少，最后消失殆尽。这无疑能够增加幸福，但也会减少目前保守者从摆布离经叛道者中获得的施虐的快感。然而，我不认为这种快感值得保留。

和其他所有恐惧一样，畏惧舆论是压迫性的、有碍发育的。如果这种恐惧很强烈，人就难以取得成就，也不可能获得精神自由。真正的幸福在于精神自由。幸福的本质是，我们的生活方式起源于我们内心深处的冲动，而不是来自我们邻居或亲戚的偶然的品位和欲望。现在畏惧近邻已经明显少了，但有一种新的恐惧，那就是畏惧报纸。其可怕程度不亚于与中世纪猎巫有关的任何事情。如果报纸把一些无辜的人当成替罪羊，结果就非常可怕。幸运的是，大多数人因为默默无闻逃脱了这种命运。但随着传媒的不断完善，这种新型的社会迫害将越来越危险。这非常严重，受害的个人不能通过置之不理来解决。无论人们如何看待新闻自由这一伟大原则，我都认为底线应当比现行的诽谤法高很多，任何使无辜者生无可恋的行为都应当被禁止，即使是他们做过、说过的事情，也不应该恶意宣扬，使他们受人鄙视。然而，要根除这一罪恶，唯一的方法是使公众变得更宽容。而要使公众更宽容，最好的方法是让更多人享受真正的幸福，这样他们就不会把同胞的痛苦当成自己的主要乐趣。

下篇

幸福的原因

第十章

还有可能幸福吗

到目前为止，我们一直在讨论不幸的人。现在我们终于要谈论一些愉快的话题——幸福的人。一些朋友的谈话和著作几乎使我断言，幸福在现代社会中已经绝迹。然而，当我在自我反思、出国旅游或者与园丁聊天后，这样的想法往往被驱散。在前面的章节，我讨论了我那些不幸福的文人朋友；在本章，我将考察我一生中遇到过的幸福的人。

幸福可以分为两种，当然，其中有程度上的差别。这两种可以是朴素的幸福和奢侈的幸福，可以是肉体的幸福和精神的幸福，也可以是情感的幸福和理智的幸福。当然，选择哪种说法，要根据你的论点来定。现在我不想证明任何论点，只想描述。要形容这两种幸福的差异，最简单的表述大概是这样的：一种幸福所有人都能感受得到，另一种幸福只眷顾能读会写的人。我小时候认识一位非常幸福的掘井工。他身材魁梧、肌肉发达，但不会读写——1885年他得到一张议会选票，才首次知道有这样一个机构。他的幸福没有思想上的根源，既不是建立在自然法则、物种完善、公有制或者圣安息日的最终胜利上，也不依赖于知识分子享受生活所必需的其他信条。他的幸福源自充沛的体力、足够的劳作，以及克服了在岩石上遇到的各种艰难障碍。我家园丁的幸福也属于这一类：他对野兔发起了一场旷日持久的战争。他谈起野兔，就像伦敦警察厅谈起布尔什维克一样。他认为野兔阴险、狡诈、凶残，必须用同样狡猾的手段对付它们。瓦尔哈拉[1]的英雄们每天都要猎杀一头野猪，但前一天晚上杀死的野猪第二天早上又奇迹般地复活。我家园丁也每天杀死对手，而且不用担心它们第二天会消失。虽然已经七十好几，但他整日工作，骑自行车往返16英里的山路。他的快乐源泉永不枯竭，源头就是"那些野兔"。

但也许你会说，我们这些优秀的人无法享受这种简单的快乐。向野兔这样的小动物开战，我们能从中获得多大的乐趣呢？在我看来，这个观点站不住脚。黄热病病毒比野兔还小得多，但优秀的人在与它的战斗中获得快乐。就情绪内容而言，我家园丁享受的那种快乐，受过高等教育的人也能获得。差别在于，受过高等教育的人获得快乐的活动不同。要想从成就中获得乐趣，需

---

1 瓦尔哈拉，北欧神话中的天堂。——译者注

要经历重重困难，起初希望渺茫，但最后成功达成。不过分估计自己的能力是幸福的源泉，也许原因主要在此。低估自己的人总是为成功而惊讶，高估自己的人却经常为失败而惊讶。前者愉快，后者不愉快。因此，明智的做法是不要太自负，但也不要过于自谦而不敢进取。

当今社会受教育程度最高的群体中，最幸福的是科学家。其中大多数杰出的人情绪简单，能从工作中获得深刻的满足，以至他们能从吃饭甚至婚姻中获得幸福。艺术家和文人认为忍受婚姻中的不幸是一种社交需要，但科学家通常能够享受传统的天伦之乐。原因是他们把智力主要集中在工作，而且不允许它们侵入自己无能为力的领域。他们从工作中感到快乐，因为现代社会的科学技术在不断进步且日益发达，也因为无论自己还是外行都毫不怀疑科学的重要性。简单的情感没有遇到阻碍，因此他们不需要复杂的情感。复杂的情感就像河里的水花，是平稳的水流遇上阻碍才能产生的。但只要生命力不受阻碍，水面就不会产生涟漪，不仔细看就察觉不到它的力量。

幸福的所有条件在科学家的生活中都能成为现实。他们可以在工作中充分发挥自己的能力，他们的成就不仅对自己很重要，对公众也是如此，哪怕根本不被人理解。在这一点上，科学家比艺术家更幸运。当公众看不懂一幅画或一首诗，他们会认为作品本身很糟糕；但如果他们看不懂相对论，就会（准确地）认为是自己才疏学浅。所以，爱因斯坦受人景仰，过着幸福的生活，而最好的画家在阁楼上挨饿，郁郁寡欢。当需要不断用自信去对抗众人的怀疑时，很少有人能够真正幸福，除非他把自己局限在小圈子里，忘掉冷漠的外部世界。科学家不需要小圈子，因为除同行外每个人都对他赞誉有加。相反，艺术家处于痛苦的境地，他要么被人鄙视，要么变得可鄙。一流的艺术家必然要蒙受一种不幸，施展才华就会被人鄙视，不施展才华就会变得可鄙。但情况并不总是如此。有些时代，即使最好的艺术家，即使在他年轻的时候，也会受人赞誉。儒略二世[1]虽然折磨过米开朗琪罗，但从没有怀疑过他的绘画能力；然而现代富豪可能会资助江郎才尽的老艺术家，可是绝不会认为他们的工作和自己同等重要。也许正是这些情况导致现在的艺术家普遍不如科学家幸福。

我们必须承认，西方国家最聪明的年轻人常常因为找不到充分发挥才能的工作而痛苦。然而，东方国家没有这种情况。如今，聪明的年轻人在苏联可能比在其他地方更幸福。他们怀着热忱与信仰，要创造全新的世界。旧的一切被处决、被饿死、被流放，或者以其他方式被消除，所以苏联年轻人与西方国家的年轻人不同，不需要在闯祸和无所事事中抉择。阅历丰富的西方人可能认为苏联年轻人的信仰不够成熟，但那又有什么坏处呢？他在

---

1 儒略二世（Julius Ⅱ，1443—1513），曾任罗马主教。——译者注

创造新世界，他会喜欢新世界，新世界一旦建成，普通苏联人会比革命前更加幸福。新世界不一定会让阅历丰富的西方知识分子开心，但他们不必生活其中。因此，经过实用主义的检验，苏联年轻人的信仰都是正当的，如果要说它不成熟，只能是从理论上。

在印度、中国和日本，某些外部环境阻碍了年轻知识分子的幸福，但这些国家没有西方国家那种内部障碍。年轻人很重视一些活动，只要活动达成，他们就会幸福。他们认为自己在国民生活中扮演重要的角色，致力于虽然困难但并非不可能的目标。在西方受过最高教育的年轻男女中，犬儒主义非常盛行，这是安逸感与无力感相结合的产物。无力感让人觉得人间不值得，安逸感使这种痛苦可以忍受。相比于西方，东方的大学生影响舆论的可能性更大，但他们获得可观收入的机会却少得多。他们既非无力，也不安逸，因此成为改良者或革命者，而不是犬儒主义者。改良者或革命者的幸福取决于公共事务的进程，即使上了断头台，也比安于现状的犬儒主义者享有更多真正的幸福。我记得有个年轻的中国人来拜访我的学校[1]，并打算在中国某个保守的地区建一所类似的学校。他以为自己会因此惹上麻烦，没想到最后他获得的宁静的幸福让我只有妒忌的份。

然而，我并不是说这类崇高的幸福是唯一可能的幸福。事

---

1 1927年，罗素与第二任妻子多拉（Dora Black Russell，1894—1986）共同创办了一所教育实验学校——皮肯·希尔学校（Beacon Hill School）。——译者注

实上，这类幸福只属于少数人，因为它需要特殊的能力和广泛的兴趣，具备这些特质的人并不多。但并非只有优秀的科学家能从工作中获得乐趣，也并非只有杰出的政治家能从倡导一项事业中获得乐趣。任何一个能发展出某些专门技能的人都能在工作中获得乐趣，前提是他能从运用技能中得到满足，而不需要广泛的赞誉。我认识一个少年时就双腿残疾的人，在后来的漫长岁月里他保持着宁静的幸福。他撰写了五卷关于月季疫病的著作，我认为他是这方面的权威。我无缘结识贝壳学家，但从认识他们的人那儿，我完全理解研究贝壳给他们带来的满足。我认识一个人，他曾经是世界上最好的排版工，所有致力于创造艺术字体的人都渴望登门求教。他的快乐并不是来自别人的由衷敬意，而是来自手艺本身的乐趣，就像优秀的舞者从跳舞本身获得乐趣一样。我还认识别的排版工，他们分别擅长排数学字体、景教碑铭[1]、楔形文字或任何生僻、艰涩的字体。我不知道他们的私生活是否幸福，但在工作时间，他们的建设性本能一定得到了充分的满足。

人们通常认为，相比于从前，机器时代的匠人更少从技术性工作中获得快乐。我对这种说法表示怀疑。的确，现代技术工人的工作与中世纪行会关注的工作完全不同，但他们在机器经济中仍然必不可少且非常重要。有人制造科学仪器和精密设备，有

---

[1] 景教是基督教的一个流派，在唐朝传入中国，即今天的东方亚述教会。——译者注

人做设计师，有人做飞机机械师，有人做汽车司机，还有许多人在各自行业内最大限度地发展自身技能。据我观察，相对落后地区的农民并不像司机那么快乐。的确，自耕农的工作多种多样，犁地、播种、收割。但他们非常清楚自己要听凭上天的安排。而操作现代机器的人有一种权力感，他知道自己是自然力量的主人，而不是奴隶。当然，对于那些仅仅只是照看机器的人，一遍又一遍完成重复的机械操作的确很乏味。但工作越乏味，就越有可能用机器替代。机械生产的终极目标是建立一种机制，机器完成所有乏味的工作，而人类完成需要变化和创新的工作。当然，我们离这一目标还很遥远。在那样的世界，工作中的乏味和沉闷将比农业时代以来的任何时期都少。为了减少挨饿的风险，人类从农业时代就决定忍受单调沉闷的生活。而以狩猎为生的人，工作中还有一些乐趣。这一点从富人仍然追求祖先的娱乐中可以看出。但随着农业出现，人类进入了一段粗鄙、痛苦和疯狂的漫长岁月，直到现在被机器解放。多愁善感者可以畅谈人与土地的联系，或者哈代[1]笔下成熟、达观的农民，但每一个乡下人都渴望去城里工作。在城里，他们可以摆脱风和天气的奴役，可以摆脱冬夜的黑暗和孤独，进入工厂、电影院这样安全、有人情味的地方。友谊和协作是普通人获得幸福的关键要素，在工业社会比在

---

1 托马斯·哈代（Thomas Hardy，1840—1928），英国作家。——译者注

农业社会更容易获得。

对事业的信仰也许是许多人的幸福源泉。我想到的并不只是受压迫国家的革命者、社会主义者和民族主义者，也包括许多有其他信仰的人。据我所知，那些相信英国人是十个失落支派后裔的人几乎都觉得幸福，而那些相信英国人只是以法莲支派和玛拿西支派后裔的人更是欣喜万分[1]。我不建议读者接受这种信仰，因为我绝不提倡把幸福建立在我认为错误的信仰上。同理，我不会劝读者相信人应该只按照自己的喜好生活，尽管据我观察，这种信念总是能带来极大的快乐。但人很容易找到并非异想天开的事业，对这种事业真正感兴趣的人可以把闲暇时间花在上面，也不再会觉得生活空虚。

沉溺于一种爱好，与献身于默默无闻的事业没有太大差别。当代一位最杰出的数学家把他的时间平分在数学和集邮上。我想，当数学毫无进展时，集邮能给他一些补偿。集邮能够治愈的不只是无法证明数学命题这一种悲痛，可收集的东西也不只有邮票这一种。试想，当一个人想到古瓷器、鼻烟盒、罗马钱币、箭头和火石器，会是怎样的心驰神往。的确，许多人太"优秀"

---

1 据《旧约》记载，以色列第三代始祖雅各的十二个儿子发展出"以色列十二支派"，其中十个支派在北方建国，两个支派在南方建国；后来北国灭亡，北方的十个支派被外邦同化，这就是"十个失落支派"。雅各的长子流便因为犯罪被剥夺名分，他的支派由雅各的第十一子约瑟继承。以法莲和玛拿西是约瑟的两个儿子，他们分别继承了这两个支派；以法莲和玛拿西得到过祖父雅各的祝福，因此地位不一般。——译者注

了，无法享受这些简单的乐趣。我们在少年时都做过这些事情，但出于某种原因，我们认为长大了就不该再做。这是完全错误的。只要不损害他人，任何乐趣都有价值。而我收集的是河流：我曾沿着伏尔加河顺流而下，又沿着长江逆流而上，从中获得了快乐。遗憾的是我从没有去过亚马孙河与奥里诺科河。这些感情很简单，我不觉得可耻。再想想棒球迷的狂喜，他们如饥似渴地翻看报纸，收音机带来了强烈的刺激。我记得我第一次见到一位美国文坛领袖的情景，我曾从他的书中猜想他的生活充满了忧郁。但恰好这时收音机中传来了最关键的棒球比赛结果，那一刻，他忘记了我，忘记了文学，忘记了世俗生活的所有烦恼，为他最喜欢的球队获胜而欢呼雀跃。从那以后，我再读他的书，就不会因为书中人物的不幸而沮丧了。

然而，在许多情况下，也许是在大多数情况下，时尚风潮和爱好并不会带来根本的幸福，而只是一种逃避现实的手段，暂时摆脱一些难以面对的痛苦。幸福从根本上来源于对其他人和物的友善与关切。

对人的友善与关切是一种爱，但不是那种贪婪的、想占有和获得回报的爱。后者往往导致不幸。促进幸福的爱是喜欢观察别人，从别人的个性里找到乐趣，愿意关心和取悦所有与自己交往的人，既不要求别人的顺从，也不要求别人的溢美。如果用这种态度和人交往，就一定会快乐，而且对方也会同样友好。无论交情深浅，他的关切和爱都会令人满意；他尝不到忘恩负义的酸楚，因为他很少遇到这种情况，即使遇到了也不以为意。有些奇怪的个性会使人心烦甚至愤怒，但他依然能够泰然处之，甚至从中发现乐趣。别人费尽千辛万苦也做不到的事情，他不费吹灰之力就完成了。他自己很快乐，和朋友相处时也很讨人喜欢，朋友会因为他心情变好，这反过来又让他更加快乐。但这一切必须是真诚的，绝不能是出于责任感的自我牺牲。责任感可以促进工作，但会损害人际关系。每个人都希望被爱，而不是忍耐或顺从。一个人可以通过许多方式获得幸福，最重要的一种方式也许就是，发自内心且毫不勉强地爱很多人。

刚才我也提到了对物的友善与关切。这话可能有些勉强，有人也许会说对物的友善是不可能的。然而，地质学家对岩石的兴趣，考古学家对废墟的兴趣，也是一种类似于友善的态度。我们对个人或对社会的态度，应当包含这种关切。人可能出于敌意而非善意关切某物。一个人收集有关蜘蛛栖息地的信息，可能是因为他讨厌蜘蛛，希望生活在没有蜘蛛的地方。人们不能从这种关切中得到满足，而地质学家从岩石中可以。关切没有人情味的事物非常有助于获得日常生活中的幸福，但比不上对同胞的友善态度。世界广阔，而我们力量有限。如果幸福完全取决于个人，那我们就难免对生活提出更高的要求。但索取更多一定会导致收获更少。一个人如果对特利腾大公会议[1]或者恒星生命史真正感兴趣，并能借此忘掉忧愁，等他游览完那个不牵涉个人情感的世界之后，他会发现他收获了一份平静与沉着。这是他处理忧愁的最好方法，同时他还能体验到真正的幸福，哪怕这种幸福并不长久。

幸福的秘诀是，尽可能怀着善意而非敌意，关切尽可能多的人和物。

关于幸福可能性的初步考察，将在接下来的章节中展开。我也将对如何摆脱痛苦的心理根源提出建议。

---

1 特利腾大公会议，指1545年至1563年间天主教在意大利召开的大公会议。——译者注

第十一章

热情

在我看来，幸福的人最普遍、最独特的标志是热情。这是我打算在本章讨论的主题。

也许理解"热情"的最佳方法，是细想人们坐下来就餐时的不同表现。一些人觉得吃饭很无聊，无论饭菜多么可口，他都提不起兴趣。他以前尝过可口的饭菜，甚至可能每顿都吃。他从没有饿到过饥肠辘辘的程度，只是把吃饭当成一种习惯，是社会风尚所规定的。和其他事情一样，吃饭很无聊，但我们用不着大惊小怪，因为其他事情更无聊。病人是出于责任感而吃饭，医生告诉他，必须补充营养才能保持体力；美食家刚开始总是满怀希望，最后发现没有一道菜令他满意；吃货对于食物非常贪婪，结果吃得太多，长得太胖，爱打呼噜；最后一种人胃口很好，对饭菜很满意，他吃饱喝足就停下来。那些坐在生命筵席上的人，对美好的事物有相同的态度。幸福的人相当于最后一种食客。热情之于人生，就像饥饿之于食物。觉得吃饭无聊的人是患上了拜伦式不幸；出于责任感而吃饭的病人相当于禁欲者；吃货相当于纵欲者；美食家相当于爱挑剔的人，认为生活中的一半乐趣缺乏品位。奇怪的是，除了吃货，所有人都瞧不起胃口健康的人，认为自己更高级。在他们看来，因为饥饿而享受食物，或者因为各种有趣景象和奇异经历而享受生活，都是粗鄙的。他们站在幻灭的高处，俯视他们认为头脑简单的人。我不同意这种观点。在我看来，所有的幻灭都是一种病态。在某些情况下，这种病态是可以避免的；而当这种病态出现时，应当尽快治愈，不能自以为掌握了更高级的智慧。假设一个人喜欢草莓而另一个人不喜欢，后者在哪一点上更优越呢？没有抽象或客观的证据说明草莓好还是不好。喜欢草莓的人认为它好，不喜欢草莓的人认为它不好。但相比之下，前者拥有更多乐趣；这两类人都必须生活在这个世界上，喜欢草莓的人可以适应得更好。这个道理适用于小事，也适用于大事。从这个角度来说，喜欢看足球比赛的人优于不喜欢看足球比赛的人，喜欢读书的人远远优于不喜欢读书的人，因为读书的机会远多于看足球比赛的机会。人的兴趣越广，获得幸福的机会就越多，就越不可能受命运摆布，因为即使失去了一样，他还有另一样。生命短暂，我们不可能关切所有事情，但可以关切尽可能多的事情，以充实我们的生活。我们都容易内向，尽管世界的千姿百态呈现在眼前，内向的人却转过脸去，只注视内心的空虚。但是，不要以为内向者的不幸有多么伟大。

从前有两台结构精巧的香肠机，它们可以把猪肉制作成最美味的香肠。第一台香肠机始终保持着对猪肉的热情，制作了无数香肠。另一台香肠机却说："猪肉算什么？我的工作比任何猪都更精彩有趣。"它抛开猪肉，着手研究自己的内部结构。没有了猪肉，它的内部停止运转，它越研究，就越觉得空虚和愚蠢。制作美味香肠的所有精密装置依然如旧，但它已经不知道这些结构能做什么了。第二台香肠机就像是失去热情的人，而第一台香肠机就像是保持热情的人。头脑是一台奇怪的机器，能以最惊人的方式把各种原料结合在一起。但如果没有外部世界的原料，头脑就会失去动力。而且不同于香肠机，头脑必须主动获取原料，因为必须经过我们的关切，事件才能形成经验；如果我们不关心，事件就毫无用处。因此，专注于自己内心的人对任何事情都没有兴趣；而专注于外部世界的人，当他偶尔审视自己的内心，会看到各种各样的有趣原料被分解和重组，变成美丽的或有用的图案。

热情有无数种形式。人们可能记得，夏洛克·福尔摩斯偶然捡起一顶落在街上的帽子。端详片刻之后，他断定帽子的主人因为酗酒而落魄，妻子对他的爱也大不如前。随便什么事情都能引起极大的兴趣，这样的人的生活绝不会无聊。想想在乡间漫步时可能看到的各种景象。有人对鸟感兴趣，有人对植物感兴趣，有人对地质感兴趣，还有人对农业感兴趣——任何一件能引起你兴趣的事情都是有趣的。在其他条件相同的情况下，对其中任何一种感兴趣的人能更好地适应这个世界。

另外，不同的人对其同胞的态度简直天差地别！在长途火车旅行中，有的人完全不观察其他旅客，而有的人会全面地观察所有人，分析他们的性格，相当准确地猜测他们的状况，甚至探听其中几个人的秘密。人们对别人的感受不尽相同，正如人们对别人的了解不尽相同。有的人觉得几乎所有人都很无聊，而另一些人很容易对遇到的每一个人产生善意，除非他有明显的理由不这样做。再以旅行为例：有的人会游历许多国家，他总是住在最好的酒店，吃与国内一样的饭菜，拜访同样闲散的富人，谈论的话题与自家餐桌上如出一辙。当他回到家，唯一的感受是终于从无聊的、昂贵的旅行中解脱出来。另一些人无论走到哪里都会去看一些有当地特色的东西，结识有代表性的当地人，了解与历史或社会有关的趣事，品尝当地的食物，学习当地的礼仪和语言，然后带着许多新鲜有趣的想法回家，作为冬夜的谈资。

在所有这些情况下，对生活有热情的人更有优势。即使不愉快的经历也对他有用。我很高兴曾接触过中国人以及西西里村庄的村民，尽管当时我没有体验到很多乐趣。爱冒险的人喜欢沉船、暴动、地震、火灾等各种不愉快的体验，只要不损害健康。以地震为例，他会对自己说："原来地震是这样的。"这一新鲜事增加了他对世界的了解，让他很高兴。不能说他不受命运摆布，因为如果他的健康受损，就有可能同时丧失热情——尽管这不是必然的。我认识一些饱受多年折磨最后死去的人，他们对生活的热情几乎维持到最后一刻。有些不健康的状态会摧毁热情，有些则不会。我不知道生物化学家目前能否区分这些状态。也许当生物化学进一步发展，我们就能通过吃药对所有事情产生兴趣，但在此之前，我们不得不依靠常识观察生活，从而判断为什么有的人对所有事情感兴趣，而有的人对任何事情都不感兴趣。

热情有时是普遍的，有时是有针对性的。它的确可以非常专业。博罗[1]的读者也许还记得《罗曼·罗依》中的一个人物。他失去了深爱的妻子，一度觉得生活非常乏味。但他对茶壶和茶叶盒上的中文题词产生了兴趣。于是，他先学习了法语，然后借助一本法国人写的中文语法书，渐渐地理解了这些词，最终得到了新的生活乐趣，尽管他从没有把中文知识应用于其他目的。我认识一些人，他们全身心地投入寻找与诺斯替异端[2]有关的一切事物中去，还有一些人的主要兴趣在于整理霍布斯[3]的手稿和早期版本。要预知什么东西会引起一个人的兴趣是不可能的，但大多数人都

---

1 指乔治·博罗（George Borrow，1803—1881），英国作家，代表作有《〈圣经〉在西班牙》（*The Bible in Spain*）、《拉文格罗》（*Lavengro*）和《罗曼·罗依》（*The Romany Rye*）。——译者注

2 诺斯替教是罗马帝国时期流行的神秘主义教派，时间略早于基督教。后来的正统基督教视其为异端。——译者注

3 指托马斯·霍布斯（Thomas Hobbes，1588—1679），英国政治哲学家。——译者注

会对这样或那样的某种东西产生强烈的兴趣；一旦这种兴趣被激起，他们的生活将不再沉闷。然而，作为一种快乐的源泉，非常专业的兴趣比不上普遍的热情，因为非常专业的兴趣很难把一个人的时间全部消磨掉，而且还有一个潜在的危险：总有一天他会穷尽与那项兴趣有关的所有知识。

读者还记得在参加筵席的不同人中，我提到了吃货，这是我不打算赞扬的。读者也许会认为，我称赞的有热情的人与吃货没有什么区别。接下来我要明确地区分这两者。

众所周知，古人把节制当成一种基本美德。由于浪漫主义和法国大革命的影响，许多人抛弃了这一观念，崇拜压倒一切的激情，尽管它们像拜伦笔下的英雄一样，具有破坏性和反社会性。然而，古人显然是对的。在美好生活中，各种活动应当取得平衡，不能让一种活动过度，而使其他活动无法进行。吃货为了饮食牺牲了所有其他快乐，这也会减少他一生的整体幸福。除了吃以外，许多其他激情也可能达到同样的程度。约瑟芬皇后[1]在服装上相当于一个"吃货"。拿破仑一开始为她支付账单，但后来越来越不满。最后拿破仑警告她必须节制，并且不会再付不合理的账单。当下一次账单送来时，约瑟芬皇后一时手足无措，但很快就想出了办法。她找到国防大臣，让他用军费支付账单。国

---

1 约瑟芬皇后，即约瑟芬·德·博阿尔内（Joséphine de Beauharnais，1763—1814），拿破仑的第一任妻子，法兰西第一帝国的皇后。——译者注

防大臣知道皇后有权罢免他，所以照办了；法国因此失去了热那亚[1]。我不保证这个故事的真实性，但至少有些书是这样写的。无论这是事实还是有所夸大，都能够佐证我们的观点，因为它表明女人如果有机会沉溺于服装，她对服装的激情会多么强烈。酒鬼和性瘾者也是明显的例子。这些事情的原则非常明显，所有个别的品位和欲望必须符合生活的总体框架。要想让它们成为幸福的源泉，就不能损害健康、感情和名望。有些激情可以尽情释放而不会超越限度，另一些则不能。以爱好国际象棋的人为例，如果他是有经济能力的单身汉，就不必限制他的激情；但如果他有妻儿、不能经济独立，就有必要严格限制。酒鬼和吃货即使没有社会的约束，从自身的角度来看也是不明智的，因为沉溺其中会影响健康，几分钟欢愉的代价是几小时痛苦。所有个别的激情都必须符合生活的框架，否则就会成为痛苦的源泉。这种框架由特定的事情构成，包括健康、健全的官能、足以糊口的收入，以及最基本的社会责任，比如对妻儿的责任。为了下棋而牺牲这些事情，本质上和酒鬼一样坏。我们之所以不那么严厉地指责，是因为这种情况很少见，而且他一定具有罕见的天赋，才可能沉溺于这样的智力游戏。希腊关于节制的教条实际上适用于这类事情。如果一个人喜欢下棋，在工作时间憧憬着夜晚的娱乐，那他是幸

---

1 热那亚原本是独立的共和国，后来被拿破仑的法兰西第一帝国吞并。拿破仑战败后，热那亚成为撒丁王国的一部分。撒丁王国即现在的意大利。——译者注

运的。但如果他为了整天下棋而放弃工作，就失去了节制的美德。据记载，托尔斯泰年轻时顽固不化，曾因为作战英勇被授予一枚军功十字勋章，但颁奖之时他正沉迷于一盘棋，决定不去领奖。我们很难就这一点指责托尔斯泰，因为对他来说去不去领奖是无关紧要的；但对于一个地位较低的人，这样的行为称得上愚蠢。

上述教条当然有局限性，例如，如果人们认为某些行为的本质是高尚的，那么任何牺牲都是正当的。为保卫国家而捐躯的人不会受到指责，即使他的妻儿因此身无分文。为重大的发现或发明而做实验的人，只要他的努力最终有回报，就不会因为使家庭遭受贫困而被谴责。然而，如果他没有成功，舆论就会谴责他是一个怪人。这似乎是不公平的，因为在这样的事情上没有人能提前确保成功。在基督纪元的第一个千年里，人们赞扬那些为了过上圣徒生活而抛弃家庭的人；但现在，人们认为他还是应该为家庭做些准备。

我认为，吃货和胃口健康者之间存在根深蒂固的心理差异。如果人的一种欲望强大到需要牺牲其他欲望，那他通常有深层次的心理问题，即希望摆脱萦绕心头的恐惧。这在酒鬼身上很明显：他饮酒是为了忘却。如果生活中没有萦绕心头的恐惧，他就不会认为醉酒比清醒更惬意。中国有句古话："不为酒饮，乃为醉饮。"这是偏激的热情的典型表现。它追求的不是事物本身的乐趣，而是忘却。然而，以一种非常愚蠢的方式忘却，和适当地运用自身官能忘却，两者有非常大的差别。博罗笔下为了忍受丧妻之痛而自学中文的人，也是为了忘却，但他的方法不仅无害，还能提高智识。对于这种形式的忘却，我们无可指摘。但对于那些通过酗酒、赌博或其他无益刺激来忘却的人，情况就不同了。的确，还存在一些难以界定的情况。比如那些因为生活无聊而在飞机上或在山顶疯狂冒险的人，我们该如何评价？如果他的冒险对公众有好处，我们会钦佩他，否则我们会觉得他比赌徒或酒鬼好不了多少。

真正的热情不同于追求忘却的热情，它是人类天性的一部分，除非被不幸的环境所摧毁。小孩子对看到或听到的一切都感兴趣，在他们看来，这世界充满了惊奇。他们总是满腔热情地追求新知，当然不是学术知识，而是吸引他们注意力的熟悉的物体中所包含的知识。动物只要身体健康，热情就不会减退，即使成年动物也是如此。猫到了陌生的房间，如果不嗅遍每一个角落，探查是否有老鼠的气味，它绝不会坐下。一个从未被彻底挫败过的人能够保留对外部世界的本能关切。只要保持这种兴趣，他就会发现生活的乐趣，除非他的自由被过度剥夺。自由对我们的生活至关重要，文明社会中热情的丧失很大程度上是因为自由被限制。野蛮人饿了就去打猎，这受直接冲动的驱使。从根本上说，每天早晨准时去上班的人也是受同一种冲动驱使，即谋生的需求。但在这个例子中，冲动并不是在产生感觉的那一刻直接起作用，而是通过抽象概念、信念和意志间接起作用。他出发去工作的时候并不觉得饿，因为他刚吃过早饭。他只知道饥饿会再度出现，工作是为了应对将来的饥饿。在文明社会中，冲动是没有规律的，而习惯是有规律的。在野蛮人当中，甚至集体行动也是自发的和冲动的——如果有集体行动的话。部落作战的时候，战鼓会鼓舞士气，群体的兴奋会激发个体做出必要的行动。现代人的事业不可能这样进行。要让火车在规定的时间发动，不可能靠原始的音乐激励搬运工、司机和信号员。他们必须各司其职，因为这些工作必须要做，也就是说他们的动机是间接的——他们对活动本身没有冲动，只对活动的最终报酬有冲动。许多社会活动有同样的错位。人们彼此交谈，不是因为他们想这样做，而是因为他们希望从合作中最终获得利益。由于对冲动的限制，文明人的生活每时每刻都受到束缚：他们快乐时不能在街上唱歌跳舞，悲伤时不能坐在人行道上哭泣，以免妨碍交通。年轻时自由被学校限制，成年后自由被工作限制。所有这些使热情难以维持，不断限制往往会产生厌倦和无聊。然而，文明社会不可能不在相当程度上限制自发的冲动，因为自发的冲动只能产生最简单的社会合作，而现代经济组织需要高度复杂的社会合作。要想克服障碍、产生热情，人需要健康的身心和充沛的精力，或者运气足够好能从事自己感兴趣的工作。统计数据表明，过去100年里，文明国家的健康状况都在稳步改善，但精力难以衡量，我怀疑现代人在这种健康状态下的精力是否像从前一样好。这个问题很大程度上是一个社会问题，因此我不打算在本书中讨论；不过，它也有涉及个人层面和心理层面的部分——与我们之前讨论过的疲劳有关。尽管文明生活有诸多障碍，但一些人还是能维持自己的热情，而要做到这一点，前提是将自己从消耗大量精力的内心冲突中解放出来。热情所需的精力超过完成必要工作所需的精力，而这反过来又要求心理机制的平稳运行。关于促进平稳运行的因素，我将在接下来的章节里具体说明。

　　由于对"体面"的错误理解，女性的热情大大减退，虽然现在这个问题与过去相比有所缓解，但仍然十分突出。女人在学着不关心男人的时候，也学会了不关心所有事情，或者顶多关心某些正确的行为。教导一种消极的、回避的生活态度，即教导对热情的敌视，鼓励自我沉溺，这是体面女性的特征，尤其是那种没受过教育的女性。她们不像一般男人那样喜欢体育，对政治也毫不关心，她们对男人冷若冰霜，对女人潜藏敌意，因为她们认为别的女性不如自己体面。她们自矜、不与人来往，也就是说，她们对同胞不感兴趣，甚至以此为荣。当然，这不是她们的错，她们只是接受了流行几千年的对女性的道德教化。然而，她们也是值得同情的压迫制度下的受害者，她们没能意识到这种制度的罪恶。这些女人把羞怯、腼腆当成美德，落落大方反而成了罪恶。她们在社交圈里尽情扼杀欢乐，在政治上热爱严刑峻法。幸运的是这类人越来越少，但其数量还是远远超过生活在自由圈子里的人的想象。怀疑这种说法的人，我建议你到出租公寓找一个房间，观察遇到的女房东。你会发现，她们生活在一种"女德"的观念中，其本质是摧毁生活的所有热情，让头脑和心灵变得萎缩、僵化。合理的"男德"和"女德"之间没有差别，至少没有传统所灌输的那种差别。无论对于男人还是女人，幸福、快乐的秘诀就在于热情。

第十二章

爱

缺乏热情的一个主要原因是觉得自己不被爱，反过来，被爱的感觉比任何东西都能激发热情。一个人可能因为各种各样的原因觉得自己不被爱。也许他觉得自己糟糕透顶，没有人会爱他；也许他从孩提时代就开始被迫习惯比其他孩子得到更少的爱；也许事实上根本就没有人爱他。而后一种情况的原因可能是早年的不幸使他自卑。觉得自己不被爱的人可能因此采取各种态度。他可能不顾一切地想赢得别人的爱，也许是通过一些异常的善举。然而，他很可能不会成功，因为受惠者很容易察觉他的动机，而人性最乐意把爱给予最不需要爱的人。因此，那些努力通过善行换取爱的人，会因为体验到人类的忘恩负义而幻灭。他从没有想过，他试图购买的感情，其价值远远超过他所提供的物质利益；然而他以为两者可以相抵，这种想法是他行动的基础。另一些人看到自己不被爱就想报复全世界，要么挑起战争与革命，要么像斯威夫特[1]那样运用尖刻的笔。这是一种对不幸的英雄主义式反抗，需要足够强大的人格魅力来对抗整个世界。很少有人能达到这样的高度。大多数人，无论男女，如果他们觉得自己不被爱，就会陷入胆怯的绝望，只有偶尔妒忌或怨恨时才能宽慰。通常，这些人极度以自我为中心，缺爱会使他没有安全感。为了避免不安全感，他彻底让习惯来主宰自己的生活。他自愿成为循规蹈矩的奴隶，主要是因为害怕冷酷的外部世界，他以为永远走老路就不会撞上可怕的东西。

相比于没有安全感的人，那些带着安全感面对生活的人要幸福得多——只要安全感没有带来灾祸。在绝大多数情况下，安全感本身就足以使人逃离危险，而这种危险可能会压垮另一个没有安全感的人。如果你从一条狭窄的木板上走过峡谷，战战兢兢更容易失足。生活也是如此。不恐惧的人当然也有飞来横祸，但他最终很有可能毫发无损地克服重重阻碍，而胆怯的人遇到困难就会陷入绝望。这是一种有益的自信，它有许多种形式。有些人不畏登山，有些人不畏渡海，有些人不畏航天。但一般所说的面对生活的自信，主要来自于一个人对爱的需求总是有回应。我们认为这种思维习惯是热情的源泉，这也是本章我们要讨论的话题。

能产生安全感的是得到爱而非给予爱，尽管在大多数情况

---

1 指乔纳森·斯威夫特（Jonathan Swift，1667—1745），英国作家，代表作有《格列佛游记》（Gulliver's Travels）。

下，安全感来自互惠的爱。严格来说，爱和赞美都有这种作用。演员、牧师、演讲者和政治家等以博得公众赞美为职业的人会越来越依赖掌声。如果他们得到应得的公众赞美，生活就会充满热情，否则他们就会变得不满和自私。他们喜欢多数人泛泛的善意，而其他人喜欢少数人深切的关爱。受父母疼爱的孩子，会把父母之爱当成天经地义的事情。尽管父母之爱对幸福至关重要，但他很少意识到这一点；他想着的是世界，是他经历的种种冒险，以及他长大以后的奇遇。但在所有的外在关切背后，他有一种感觉：父母之爱会帮他防范灾祸。那些因为种种原因得不到父母之爱的孩子可能会变得胆怯、恐惧和自怜，他们不敢冒险，也不能以快乐的心情探索世界。这样的孩子可能很小就开始思考生命、死亡和人类的命运。他变得内向，起初郁郁寡欢，最终却通过某种哲学或神学寻求虚幻的慰藉。这是一个无序的世界，好事和坏事随机排列。想创造清晰明了的体系或模式，这本质上是恐惧的产物，是一种广场恐惧症，也就是害怕开阔的空间。胆小的学生在图书馆的四壁之内感到安全。如果他让自己相信宇宙同样井然有序，那么冒险上街时，他就不用那么害怕真实的世界，也不需要创造一个存在于信念中的理想世界。

　　然而，并非所有的爱都能激发冒险精神。给予的爱必须是坚定的而非畏缩的，希望对方优秀胜过希望对方安全——当然，不能不在乎安全。畏缩的母亲或保姆永远告诫孩子提防潜在的灾祸，仿佛所有狗都咬人，所有牛都危险。这可能会使孩子像她一样畏缩，让孩子觉得离开她就不安全。占有欲过度的母亲很喜欢孩子有这种感觉，她也许希望孩子靠她而不是靠自己的能力应对世界。长此以往，她的孩子可能比完全得不到爱的孩子更糟。早年形成的思维习惯可能会持续一生。许多人在恋爱中想找到远离俗世的避风港，在不该得到赞美的时候被赞美，在不该得到表扬的时候被表扬。对许多男人而言，家是逃避现实的地方：恐惧和畏缩使他享受伴侣的关心，而伴侣的关心使这些感觉平息下去。以前从不明智的母亲那儿获得的东西，现在他向妻子寻求；然而如果妻子把他当作成年的小孩，他又觉得惊讶。

很难定义什么是最完美的爱，因为很明显保护欲会掺杂其中。我们不会对所爱之人的受伤无动于衷。然而我认为，相比于同情已发生的不幸，我们应当少忧惧未发生的不幸。担忧别人只比担忧自己好一点儿。况且担忧别人常常是为了掩饰占有欲，希望唤起别人的恐惧，从而更完全地控制他。当然，这就是男人喜欢胆小女人的一个原因，男人可以通过保护女人来占有她。给人的关心要适度，要取决于这个人的性格：坚强、具有冒险精神的人可以承受的关心较多，而畏缩的人不应该得到太多关心。

得到的爱有两种功能。我们已经谈到它与安全感的关系，但在成年人的生活中，它还有更重要的生物学目的，那就是生儿育女。无法激发别人的性爱，这对任何男人都是严重的不幸，因为这剥夺了他生活中最大的快乐。这种剥夺迟早要摧毁热情，导致内向。然而，童年时期的不幸往往会造成性格上的缺陷，进而导致后来得不到爱情。这一点在男人身上也许更加准确，因为总的来说，女人通常爱男人的性格，男人通常爱女人的容貌。在这方面，我们必须承认男人比不上女人，因为男人喜欢的品质比不上女人喜欢的品质。然而，我绝不是说获得好性格比获得好容貌更容易，但至少，女性更懂得和更容易掌握获得好容貌的必要步骤，而男性对获得好性格的必要步骤知之甚少。

到目前为止我们一直在谈论得到的爱，现在我想谈谈给予的爱。给予的爱有两种类型，一种也许最能表达对生活的热情，这是值得赞美的；另一种则表达了恐惧，它充其量是一种慰藉。如果晴天驾驶轮船沿着美丽的海岸航行，你可以欣赏海岸的美景，并从中获得快乐。这种快乐完全来自外部，与内心的迫切需求无关。相反，如果轮船失事时你游向海岸，你会从中得到一种新的爱：到达海岸意味着从海中逃生，海岸的美丑无关紧要。安坐于船上欣赏海岸是较好的爱，坠落水中渴求海岸是较差的爱。第一种爱只属于有安全感的人，或者至少是对周遭危险毫不在意的人；后一种爱则完全相反，它是由缺乏安全感引起的。缺乏安全感引起的爱使人更主观、更以自我为中心，因为被爱者的价值在于它提供的服务，而不是它的内在品质。然而，我并不是说这种爱在生活中没有合理的作用。事实上，几乎所有爱都包含这两种爱。如果爱真的能消除不安，它就能让人获得解脱，重新对世界产生兴趣，而这种兴趣在危险和恐惧时是被遮蔽的。但是，在认识到后一种爱对生活的作用之前，我们必须仍然认为它比不上前一种爱，因为后一种爱依赖于罪恶的恐惧，也因为后一种爱更加以自我为中心。在最好的爱中，人有望获得新的幸福，而不仅仅是逃离旧的不幸。

最好的爱是互惠的爱，双方心满意足地得到，毫不勉强地给予。每个人都会发现，由于这种互惠的幸福，整个世界都变得更有趣。但另外一种爱绝不罕见，即一方汲取另一方的活力，得到另一方的给予而没有任何回报。有些生命力极其旺盛的人就是这种吸血型爱人。他从一个又一个受害者那里榨取生命的活力，让自己越发充满生机、鲜活有趣，他赖以生活的人却变得苍白、黯淡和沉闷。他把这些人当成实现目的的工具，从没有把这些人本身当成目的。目前他自认为喜欢的人，从根本上说他并不感兴趣，他感兴趣的只是能够推动行动，也许毫无人格属性的刺激物。显然这是源于某种性格的缺陷，但这种缺陷既不容易诊断也不容易治疗。这种特征往往与伟大的理想有关，而且我要说，它往往植根于一种对人类幸福的过于片面的看法。两个人因为真正互惠而产生的爱，不仅能促进各自的利益，也能促进共同利益，是获得真正幸福的最重要的因素之一。那些把自我禁锢在铜墙铁壁之内不让它扩展的人，无论事业多么成功，他都错过了生活所能提供的最好的东西。排斥爱的野心通常产生于某种对人的愤怒和仇恨，这是由青年时代的不幸、后来遭遇的不公，以及导致迫害妄想的任何原因引起的。过于强大的自我是一座监狱，想充分享受世界就必须逃离。一个人从自我的监狱中逃离，标志之一是他能够真正去爱。只得到爱是远远不够的，得到的爱应当能激发给予的爱。只有当两者达到平衡，爱才能最好地发挥作用。

妨碍互惠之爱的心理障碍或社会障碍是严重的罪恶，这个世界一直深受其苦。人们不敢冒失地赞美，唯恐夸错了人；不敢轻易地给予爱，唯恐被所爱之人或挑剔的世界伤害。道德和人情世故告诫人们谨慎行事，其结果是，当涉及爱的时候，慷慨和冒险精神就会受到压制。所有这些都容易孕育怯懦和对人的愤怒，因为许多人一辈子都忽略了自己真正的根本需求，他们十有八九不知道乐观、豁达的世界观是幸福的必要条件。这并不是说那些所谓的"不道德的人"更加优越。性关系中几乎没有什么可称之为"真爱"，怀着根本敌意的例子也并不少见。每个人都尽力虚与委蛇，每个人都保持根本的孤独，每个人都自保，因此毫无成果。这些经历没有什么价值。我并不是说要竭力避免这种经历，因为这一过程也有可能生长出更有价值、更深刻的爱。但我强调的是，唯一真正有价值的性关系应当是毫无保留的性关系，双方的完整人格融入到新的集体人格。谨慎有许多种形式，爱情中的谨慎也许是最损害真正幸福的一种。

第十三章

家庭

传承至今的所有制度中，家庭是最混乱、最出格的一种。父母与子女之间的爱本可以成为最重要的幸福源泉，但事实上，在当今的亲子关系中，每100例中有90例，双方都因亲子关系感到痛苦，有99例至少一方因亲子关系感到痛苦。家庭未能提供本应提供的基本满足，这是导致我们这个时代普遍充斥着不满情绪的最根深蒂固的原因之一。如果一个成年人希望与孩子建立愉悦的关系，或者为孩子提供快乐的生活，他就必须深刻反思为人父母的责任，然后采取明智的行动。家庭的话题过于宽泛，本书只讨论涉及幸福的问题。即使在这个范围内，我们也只讨论个人能力所及的改善，而不涉及整体社会结构的变化。

　　当然，这是很严格的限制，因为导致当今家庭不幸福的原因有很多，包括心理、经济、社会、教育、政治。社会富裕阶层中的女性之所以觉得为人父母的负担比以往更沉重，有两个原因：

一是单身女性有自己的事业，二是家庭服务已经衰落。以前，女性不得不结婚，是因为一旦成了老姑娘，生活就会很凄惨。她们在经济上依赖于家庭，先是靠父亲，后是靠某个不情愿的兄弟。她整天无事可做，被束缚在宅邸的围墙之内。她没有机会也没有兴趣探索性爱，她深信，只有婚姻中的性爱才是正当的。尽管有这么多保护，如果她被某个狡猾的男人引诱而失去贞操，处境就会变得极其可怜。《威克菲尔德的牧师》[1]很真实地刻画了这一点：

> 要让她的罪孽深藏，
>
> 要让耻辱躲过众人目光，
>
> 要让爱人悔恨痛苦绝望，
>
> 没有别的办法——除了死亡。

现代未婚女性遇到这种情况不再觉得非死不可。如果她受过良好的教育，过上舒适的生活并不困难，因此不需要顾虑父母的意见。由于父母无法在经济上控制女儿，因此也越来越谨慎地表达道德上的不满——斥责一个听不进斥责的人毫无意义。当今社会，对于有中等才智和魅力的年轻职业女性来说，只要她不想生

---

1 爱尔兰作家奥利弗·哥德史密斯（Oliver Goldsmith，1728—1774）的小说，也是他唯一的一部小说，发表于1766年。——译者注

儿育女，就能过上十分愉悦的生活。但如果生儿育女的念头占了上风，她就要被迫结婚，几乎肯定会失去工作。她以前的收入只需要养活一个单身女性，现在丈夫的收入却必须供养整个家庭，而她丈夫的收入未必比她之前高多少，因此她的生活水准肯定比不上从前。过惯了独立的生活，现在每一分钱的开支都得依靠别人，她觉得很难堪。因此，这类女性在生育问题上犹豫不决。

　　和前几代女性相比，决意冒险结婚生子的女性发现自己面临一个骇人的新问题：家庭服务稀缺，质量也不高。结果她被拴在家里，不得不做许多琐碎的工作，这与她的能力和之前接受的训练毫不相关。或者她不亲自做，而是斥责那些做事马虎的女佣，因此毁了好心情。至于照顾孩子，如果她花心思了解，会发现不能冒险把孩子交给保姆，甚至最基本的清洁卫生任务也不能托付他人，除非她雇得起受过训练且费用昂贵的保姆。有这么多琐事压在身上，如果她没有因此丧失全部魅力和大部分才智，那已是万幸。仅仅因为亲自做家务，这些女人经常被丈夫嫌弃，被孩子埋怨。对于下班回家的丈夫来说，喜欢抱怨的妻子是令人厌烦的，而闭口不谈又显得心不在焉。至于孩子，她会牢牢记住为孩子所做的牺牲，以至她一定会向孩子索取过分的回报。而关心琐事的习惯又使她变得挑三拣四、小肚鸡肠。这是所有不公正待遇中最有害的一种：为家庭尽责会丧失家人的爱，而如果忽略家人，保持自己的欢乐和魅力，家人反倒有可能爱她。[1]

这些问题主要是经济问题，另一个同样重要的问题也是经济问题。我指的是由于大城市人口密集而导致的住房困难。中世纪的城市就像现在的乡村一样空旷。如今，孩子们仍在唱这首童谣：

> 保罗尖塔一棵树，
>
> 树上苹果挂不住。
>
> 伦敦城里小孩乐，
>
> 长棍在手苹果落。
>
> 翻过篱笆赶快逃，
>
> 一直逃到伦敦桥。

保罗尖塔已经不见了，不知何时，圣保罗教堂和伦敦桥之间的篱笆也已消失。几个世纪以前，伦敦城里的孩子们享受着童谣里的乐趣——大多数人生活在乡下；城镇不大，人们很容易出城，也很容易看到带花园的房子。而这些仅维持到不久前，现在，英国的城市人口远远超过乡村人口。在美国，城市人口的优势还很微弱，但也正在迅速扩大。伦敦、纽约这样的城市太大

---

1 出自琼·艾琳的《别做父母》（*The Retreat from Parenthood*），这本书以非凡的洞察力和建构力讨论了整个影响职业阶层的问题。——原注

了，要很长时间才能出城。生活在城里的人不得不满足于一套公寓，他们当然是接触不到土壤的；而财力一般的人只能局促在更小的空间里。如果有小孩，公寓生活就麻烦重重。孩子没有空间玩耍，父母也没有空间远离孩子的噪声。因此，越来越多的上班族选择住在郊区。孩子当然很喜欢，父亲却因此更加疲劳，他在家庭中的作用也大大减弱。

　　然而，我不打算讨论如此宏大的问题，因为我关心的是：此时此地，个人能为幸福做点什么。我们要讨论当今亲子关系中的心理困境，这更接近我们的问题。这种心理困境是民主政治造成的。古代有主人和奴隶，由主人决定做什么。总体而言，主人喜欢奴隶，因为奴隶给他带来快乐；但奴隶可能憎恶主人，尽管这不像民主理论所假设的那么普遍；即使奴隶憎恶主人，主人也不知情，因此他仍然很快乐。随着人们普遍接受民主理论，一切都改变了：一向顺从的奴隶不再顺从，一向深信自己权力的主人开始犹疑。冲突骤起，给双方带来不幸。我的这些观点并非旨在反对民主，因为任何重要的转型都不可能避免这些麻烦，但我们应该正视这样一个事实：当转型发生时，世界为此不安。

　　随着民主理论的广泛传播，亲子关系的变化是一个特殊的例子。父母不再相信自己有权反对子女，子女也不再觉得自己必须尊敬父母。服从在过去是不容置疑的美德，现在却变得迂腐过时。这是正确的。精神分析吓坏了受过教育的父母，他们害怕无意中伤害自己的孩子：亲吻孩子会诱发俄狄浦斯情结，不亲吻孩子则会催生妒火；命令孩子可能导致负罪感，放任孩子又会滋生父母不喜欢的恶习。看到宝宝吮吸拇指，父母会得出各种各样的推论，却又不知道该如何制止。为人父母曾经是一种有用的权力，现在却让人变得胆怯、焦虑、良心不安。过去简单的快乐已经没有了，就在单身女性重获自由的那一刻，女人面对生育就不得不付出更大的代价。在这种情况下，谨慎周全的母亲对孩子要求过少，她压抑自己的亲情，变得羞怯；不负责任的母亲则要求过多，她希望从孩子身上寻求补偿，以弥补自己被迫放弃的快乐。第一种情况下孩子得不到爱，第二种情况下爱会泛滥成灾。在这两种情况下，都不存在家庭所能提供的最好的简单而自然的幸福。

考虑到这么多麻烦，出生率降低还值得惊讶吗？总体出生率已经降到一定程度，这表明人口将很快开始减少。然而在富裕阶层，出生率很早就达到这一程度，不仅某一个国家如此，事实上，几乎所有高度文明的国家都是如此。关于富裕阶层的出生率，我们没有太多统计数据，但琼·艾琳的书中提到了两个事实：1919年到1922年，斯德哥尔摩职业女性的生育率是整体生育率的1/3；1896年到1913年，卫斯理女子学院的4000名毕业生总共只生育了3000个孩子，而要确保人口数量不下降，她们应当有8000个未夭折的子女。毫无疑问，白人创造的文明有种奇异的特征，男人和女人接受这种文明就导致不孕不育。最文明的人最少生，最蒙昧的人最多生，两者间有持续的分层。目前西方国家最聪明的那些人正在消亡。在短期内，如果没有其他较蒙昧地区的移民，西方国家的人口总量就会减少。一旦移民习得了所在国的文明，也会相对地减少生育。显然，具备这种特征的文明是不稳定的。如果这种文明不能增加人口数量，它迟早会消亡，让位于另一种为人父母的愿望足够强烈、能防止人口数量下降的文明。

在所有西方国家，官方的道德家利用规劝和煽情解决这一问题。一方面，他们说每对夫妻都应按照上帝的意愿多生孩子，无论孩子是否健康、幸福；另一方面，男性牧师宣扬母性的圣洁、欢乐，鼓吹多病、贫乏的大家庭是幸福之源。国家也附和说，适当的炮灰是必要的，如果没有足够多的人口，那些精巧的毁灭性武器用来消灭谁呢？奇怪的是，即使个别父母赞同这一观点，也认为它适用于别人，到了自己身上就完全不理会。牧师和爱国者的心理是错误的。牧师只能成功地用地狱之火吓人，但现在只有少数人认真对待这种威胁。威胁若不强大到一定程度，就不足以控制如此私人的行为。而国家的论点太残忍了。人们也许同意拿别人当炮灰，但绝不希望自己的孩子当炮灰。因此国家能做的是尽量使穷人愚昧——统计数据表明，这种努力只在西方最落后的国家奏效。很少有人为了公共责任而生育，况且这种公共责任是否成立也不一定。人们生儿育女，要么是相信孩子能够增加幸福，要么是不知道如何避孕。后一种理由仍然很普遍，但越来越少。国家和教会无论做什么，都不能阻止这种减少的趋势。因此，如果白人想延续，就一定要让父母再次从生儿育女中获得幸福。

如果抛开现实，只考虑人性，我想为人父母在心理上的幸福一定是生活中最伟大、最持久的幸福。毫无疑问，这一点在女性身上反映得更真切，而在男性身上的表现也超过大多数现代人的预期。几乎所有古典文学都承认这一点。赫库芭关心孩子超过关心普里阿摩斯[1]，麦克德夫[2]关心孩子超过关心妻子。《旧约》中的男女都热衷于传宗接代，中国和日本至今仍是这样。有人认为传宗接代的欲望是源自祖先崇拜，我却认为正好相反，祖先崇拜是人们重视家庭延续的表现。我们刚刚谈到职业女性，很明显，若不是非常想要孩子，没有人会为了满足这一欲望而牺牲。我个人认为，做父亲是我经历的最幸福的事情。我相信，即使环境使人放弃这种幸福，他们内心深处的需求还是得不到满足，这会导致莫名的心灰意懒。想在这世上获得幸福，人不能把自己当成时日无多的孤独个体，而要把自己当成生命长河的一部分，发轫于初始的细胞，奔流向未知的将来——青春已逝的人尤其如此。如

---

1 普里阿摩斯是希腊神话中特洛伊的国王，赫库芭是他的妻子，两人共育有19个孩子。——译者注

2 麦克德夫是莎士比亚剧作《麦克白》（*Macbeth*）中的角色，此剧作基于史实改编。——译者注

果这种有意识的情感是有理有据的，那它无疑是一种具有高度文明、充满智慧的世界观；但如果只是简单自然的本能情感，它就与高度文明背道而驰。一个能创造丰功伟绩并青史留名的人也许能通过工作满足这种需求，但对于那些没有特定天赋的人，满足需求的唯一方法是通过孩子。那些任凭生育冲动萎缩的人已经冒着干涸的风险与生命长河分流。除非他特别超脱，否则就会觉得死亡意味着一切终结。身死之后，世界与他无关，因此现在的一切都无足轻重。而对于那些儿孙绕膝并倾注亲情的人，至少活着的时候未来是重要的，不仅出于道德或想象，也出于自然和本能。对个人生活之外的东西还保持兴趣的人，很可能会继续扩展兴趣。比如亚伯拉罕[1]，他一想到子孙将继承应许之地就觉得快慰，哪怕要过好几代才能实现。他因此摆脱了扼杀一切感情的无助感。

父母对子女有一种特殊的爱，这种爱是家庭的基础，它不同于父母之间的爱，也不同于对其他孩子的爱。的确，有些父母不怎么爱或者根本不爱自己的孩子，而有些女人对其他孩子的爱几乎和对自己孩子的爱一样强烈。然而更普遍的情况是，正常人只把父母之爱这种特殊的感情给予自己的孩子，这遗传自我们的动

---

1 亚伯拉罕，犹太教、基督教和伊斯兰教的先知，被认为是以色列的先祖。在《旧约》中，耶和华把尼罗河与幼发拉底河之间土地赐给亚伯拉罕的后裔，即应许之地。——译者注

物祖先。在这方面，我认为弗洛伊德[1]没有充分考虑生物因素，因为任何人只要观察带着幼崽的雌性动物，就会发现它对待幼崽的方式和对待与之交配的雄性动物的方式截然不同。人类本能中也有这种差别，只是形式和程度不同。如果没有这种特殊的感情，家庭这种制度就毫无意义，因为孩子也可以交给专业人士照顾。然而在目前的情况下，只要父母的本能不萎缩，父母对子女的特殊感情就对双方都有价值。它对子女的价值在于，这种感情比其他任何感情都更可靠。朋友看中了你的优点，恋人看中了你的魅力；如果优点和魅力减弱，朋友和恋人就会消失。但只要父母称职，无论生病还是受辱，你发生不幸时父母仍是最可靠的人。因为优点被人赞美，我们会很高兴，但我们大多数人本质上是很谦虚的，认为这种赞美不稳定。父母爱我们是因为我们是他们的孩子，这是不可改变的事实。春风得意时，这似乎无足轻重；但遭受挫败时，父母的爱能给予无可替代的慰藉和安全感。

在所有人际关系中，为一方谋求幸福是很容易的，让双方都幸福则很困难。监狱长喜欢看管犯人，老板喜欢吓唬员工，统治者爱用"铁腕"政策控制民众，守旧的父亲爱用棍棒教化儿子。然而，这些都是单方面的快乐，另一方不会觉得愉悦。我们已经

---

1 指西格蒙德·弗洛伊德（Sigmund Freud，1856—1939），奥地利心理学家，精神分析学派的创始人。——译者注

意识到单方面的快乐不能令人满意，良好的人际关系应该使双方都满意。这尤其适用于亲子关系。使双方都满意的结果是，父母从子女那里获得的愉悦减少，子女从父母那里获得的痛苦减少。尽管现实如此，我认为让父母从子女那里获得的愉悦减少是没有道理的，正如我相信父母无法增加子女的愉悦也是没有道理的。但就像现代社会追求的所有平等关系一样，这需要一定的敏锐和温柔，以及对他人人格的尊重，而日常生活中的好胜心绝对不会促进这些品质。让我们从两个角度考虑为人父母的幸福，一是父母的生物学本质，二是父母以平等态度对待他人人格时所能获得的幸福。

　　为人父母的幸福有两个根源，一方面是感觉身体部分外化，这部分的延续超越了其他部分的死亡，并且这部分可能以同样的方式外化，最终使血脉永存；另一方面，为人父母是权力与温柔的紧密结合。新生命是无助的，因此父母有满足他需求的冲动，这种冲动不仅满足了孩子渴望的父母之爱，也满足了父母渴望的权力欲。只要你觉得婴儿无助，你对他的爱便不是无私的，因为保护自己脆弱的部分是人的天性。但从孩子很小时候起，父母的权力欲和"为了孩子好"的心愿就会产生冲突。尽管对孩子的控制在一定程度上是理所当然的，但孩子应当尽早在各个方面学会独立，这对于有控制欲的父母来说是不愉快的。一些父母从未意识到这种冲突，在孩子反抗之前一直扮演暴君的角色；另一些父母意识到了，并一直被这种冲突的情绪折磨，他们的幸福感也因此消散。父母对孩子关怀备至，如果孩子完全不是他们希望的样子，他们就会觉得屈辱。比如，父母希望孩子当兵，却发现他是一个和平主义者；或者像托尔斯泰那样，父母希望他成为和平主义者，他却加入了黑色百人团[1]。但困难不仅出现在后来的成长阶段。如果你喂一个能自己吃饭的婴儿，就是把权力欲放在孩子的幸福之上，尽管你只是好心地为他省去麻烦。如果你过分提防孩子身边的危险，可能是希望他离不开你。如果你向他表露感情并希望得到回报，可能是想用感情捆住他。除非父母非常谨慎或非常纯洁，否则他们的占有欲有一千种大大小小的方式可以把孩子带入歧途。了解这些危险的现代父母有时在处理孩子的问题时踌躇不决，这样的父母还比不上那些犯点错误的父母，因为没有什么比成年人缺乏果断和自信更让孩子担心的了。因此，内心纯洁比行事谨慎更重要。真心希望孩子幸福而不是控制孩子的父母，不需要精神分析学的教材告诉他们该做什么、不该做什么，只需要接受内心冲动的正确引导。这样的亲子关系自始至终都会是和谐的，孩子不会反抗，父母不会挫败。这要求父母从一开始就尊重孩子的人格，这种尊重不仅出于道德或智力上的原则，还出于一种近乎神秘的信念，彻底消除占有和压制。这种态度不仅

---

1 黑色百人团，20世纪初俄罗斯的一个极端民族主义运动团体。——译者注

适用于亲子关系，也适用于夫妻和朋友，尽管在朋友中更容易实现。在良好的社会中，人类各群体间的政治关系也应采取这种态度，但这是一种奢望，不应该过于执着。尽管人们普遍需要这种温情，但在与孩子相关的地方最需要，因为孩子幼小、柔弱、无助，容易被粗鄙的人轻视。

但让我们回到本书的主题。只有深切地感受到我所说的那种对孩子的尊重的人，才能在现代世界享受为人父母的全部乐趣。他们不因为权力欲受限而变得厌烦；当儿女获得自由时，他们也不担心会像专制的父母那样经历幻灭。持这种态度的父母，获得的乐趣超过在最鼎盛时期亲政的暴君。因为温情能涤荡所有专制的倾向，这样的爱能带来更细腻、更温和、化腐朽为神奇的欢乐。而那些不断抗争、想在这个动荡的世界高人一等的人，不可能有这种欢乐。

虽然我很重视父母之爱，但我不主张母亲尽可能为孩子多做事——这是一种普遍的推论。过去，除了一些女性长辈零零碎碎地向年轻女性传授的不科学的育儿知识，人们对育儿一无所知。在那个时候，母亲为孩子多做事是一种不错的风俗。今天，育儿过程中的许多事情最好都交给专业人士，儿童教育只有成为教育学的一部分才能被公众认可。无论母亲多么爱孩子，都不应该教他微积分。就获取书本知识而言，人们认为，请教老师胜过请教母亲。但这一点不适用于育儿的其他许多方面，因为这方面的经验尚未达成共识。毫无疑问，有些事适合由母亲来做，但随着孩子的长大，适合由其他人做的事越来越多。如果在这一点上达成共识，母亲将能从大量令人厌烦的劳动中解放，因为这不是她的强项。即使做了母亲，一个掌握专业技能的女人还是应该为了自己和社会的利益而自由地运用自己的技能。在妊娠晚期和哺乳期内，母亲可能做不到这一点，但孩子长到九个月后，就不应该成为母亲从事职业活动的障碍了。如果社会要求母亲为孩子做出不合理的牺牲，母亲就会希望从孩子身上获得过分的补偿——除非她是圣人。传统意义上自我牺牲的母亲绝大多数对孩子极度自私，因为尽管为人父母在生活中非常重要，但如果把它当成生活的全部，就会导致不满，而不满足的母亲很可能在感情上贪得无厌。因此，母亲不应该放弃她的兴趣追求，这对母亲和子女的利益同样重要。如果她的职业就是育儿，并且她掌握的知识足以把自己的孩子照顾周全，那她也应该广泛地运用技能，专门照顾包括她的孩子在内的一群孩子。只要父母履行了国家的最低要求，只要照顾者符合资格，父母就有权决定如何照顾孩子和由谁照顾孩子。但是不能要求每位母亲都应该亲自做那些其他女人更擅长的事情。许多母亲在面对孩子时感到困惑、无助，她们应当毫不犹豫地求助于能够胜任这份工作且接受过必要培训的女人。没有一种天赋告诉女人该如何养育孩子，过分的关心只是占有欲的伪装。许多母亲的无知和感伤毁掉了孩子的心理。人们总是认为父亲不需要为孩子做太多，但孩子爱父亲和爱母亲一样多。如果女性摆脱不必要的奴役，孩子们能在早期接受日渐完善的有利于身心发展的科学知识，那么未来母亲和孩子的关系就会越来越像今天父亲和孩子的关系。

第十四章

工作

工作究竟导致幸福还是导致不幸，这是个不好回答的问题。许多工作确实令人厌烦，过度的工作总是让人痛苦。然而我认为，对大多数人而言，只要工作不过度，即使最乏味的工作也好过无所事事。根据工作的形式和工作者的能力，工作可以分为不同的等级，有些工作只是为了解闷，有些工作可以唤起最深层的快乐。大多数工作是大多数人不得不做的，它们本身并没有乐趣，但也有一定的价值。首先，它填满了白天的大部分时间，而不需要你自己决定做什么。如果人们可以自由选择如何打发时间，大多数人会不知所措，想不出可以做些什么开心事。无论他们决定做什么，都会怀疑还有其他事情更快乐。明智地利用闲暇是文明的最终产物，目前很少人能做到。此外，选择本身就令人厌烦。只要被安排的事情不令人痛苦，人们就非常乐意被安排每小时做什么——特别主动的人除外。大多数闲散富人忍受的无聊难以形容，这是他们摆脱劳累工作的代价。有时他们通过去非洲狩猎或者环球旅行来排遣，但这样的事情有限，尤其是在青春逝去以后。因此，聪明的富人几乎和他贫寒时一样努力，而有钱的女人总是忙着处理一大堆鸡毛蒜皮的小事，她们自认为这是天大的事情。

因此，人们渴望工作，首先是因为工作可以预防无聊。必要的乏味工作令人无聊，但这种无聊好过无所事事的无聊。与之相关的另一个好处是，工作让假日更美妙。只要一个人不因为拼命工作而损耗活力，他在空闲时间获得的热情就很可能超过闲散的人。

对于大多数有偿的工作和一些无偿的工作，第二个好处是工作让人有机会功成名就、大展宏图。大多数工作是用收入衡量的，只要资本主义社会一直存在，这就不可避免。只有最好的工作才自然而然地不需要这种衡量方式。人们渴望增加收入，既是渴望成功，也是渴望用高收入换取舒适生活。只要能在全世界或在小圈子里博得名声，无论工作多么枯燥，人们都可以忍受。目标的连续性是长久幸福的最重要因素之一，大多数人主要从工作中获得。在这方面，家庭主妇比男人或在外工作的女人更悲惨，她没有工资，无法提升自己。丈夫（看不到她的工作）认为这是理所当然，他看重的是妻子的其他品质，而不是做家务。当然，这不适用于非常富裕的女人，她们有美丽的房子和花园，让邻居妒忌不已。但这样的女人较少，绝大多数家务带来的满足比不上男人和职业女性的工作所带来的满足。

大多数工作都能带来两种满足感，一是消磨时间，二是施展抱负——再微小的抱负也足以使乏味工作的快乐超过不工作。但如果工作有趣，它带来的满足就远远超过单纯解闷的工作。我们可以根据工作的有趣程度进行排序。我会先讲最平淡的工作，最后讲值得伟人耗费全部精力的工作。

有两个主要因素使工作变得有趣，一是能运用技能，二是具有建设性。

所有掌握非凡技能的人都热衷于运用技能，直到这项技能不再特殊或无法提高。这种动机始于童年：会倒立的男孩就不愿意站立。许多工作都有和技能游戏一样的乐趣。律师和政治家的工作一定包含妙不可言的乐趣，就像打桥牌一样。当然，这种乐趣不仅在于运用技能，还在于用智计胜过高明的对手。即使没有竞争，表演特技也是愉快的。能在飞机上表演特技的人肯定有无限的乐趣，才愿意拿生命冒险。我想，即使工作环境令人不快，优秀的外科医生还是能从精湛的手术中获得满足。同样的乐趣也可以从大量较低级的工作中获得，尽管不那么强烈。我甚至听说过热爱工作的管道工，只是无缘得见。只要工作中需要的技能不是一成不变，也不是毫无长进，那么这样的工作就能带来愉悦感。反之，当一个人的技能登峰造极，就毫无乐趣可言。参加3英里赛跑的人，如果他已经过了能打破自己纪录的年龄，就不会再从中得到乐趣。幸好在相当多的工作中，新的环境需要新的技能，至少在人到中年之前都可以继续提高。在一些技巧性工作中，比如在政界，人的最佳状态似乎是60岁至70岁，因为从业者必须有广博的阅历。正因如此，政治家在70岁时比同龄人更幸福。在这方面，只有大企业的负责人能和他们相比。

然而，最好的工作还要有另一个要素，它比运用技能更重要、更能使人幸福，那就是建设性。一些工作在完成时就成为典范，尽管这只是少数。我们可以用以下标准区分建设性和破坏性：建设性始于紊乱而终于有序，而破坏性相反，始于有序而终于紊乱，也就是说，破坏者意在创造一种无序的状态。最明显的例子是房屋的建设和破坏。建房子要执行提前制订的计划，而拆房子的时候，没有人规定材料该如何摆放。破坏对于之后的建设当然是必要的，从这一点来说，破坏性是整体建设性的一部分。但经常发生这样的事情：一个人以破坏为目的，却没有想过日后的建设。他往往自我隐瞒，说服自己扫除一切是为了重新建造，但这很可能只是一种伪装。如果是伪装，问他后续如何建设的问题就可以识破——人们会发现他在谈论建设时含糊其词、无精打采，而谈到破坏的时候，他却对答如流、热情洋溢。不少革命者、军国主义者和其他主张暴力的人就是这样。他往往不知不觉间被仇恨驱使，一心想破坏他憎恶的东西，对接下来的事情却不怎么在意。我不否认破坏性的工作可能和建设性的工作一样有趣。这是一种更狂野、在当时可能更强烈的乐趣，但不能给人深刻的满足，因为其结果中没有令人满足的成分。你杀死敌人，你的使命便已结束，从胜利中获得的满足会很快消失。而建设性的工作一旦完成，凝视它也成为一种乐趣；而且工作本身不可能完美无缺，总还可以继续添砖加瓦。最令人满意的目标就是无限地从一个成功走向另一个成功，没有尽头。在这方面，建设性工作比破坏性工作更使人幸福。或者更准确地说，相比于喜欢破坏的人从破坏性工作中获得的满足，喜欢建设的人从建设性工作中获得的满足更多。因为如果心中填满仇恨，就很难像别人一样从建设中获得快乐。

同时，要治愈仇恨，最好的方法可能就是做一种重要的建设性工作。

完成一项伟大的建设性事业，从中获得的满足是生活中最大的满足之一；但遗憾的是，只有具备非凡能力的人才可能获得这种满足。除非证明他的工作很糟糕，否则没有什么能剥夺一个人从重要的工作成就中获得的幸福。这种满足有多种形式。通过有计划的灌溉使荒地开满玫瑰，人能享受到最实在的幸福。创造一个组织也许是最重要的工作——比如从混乱中创造秩序——但很少有政治家献身于此，列宁在这方面是我们时代的典范。最显著的例子是艺术家和科学家。莎士比亚这样评价自己的诗："只要人能呼吸，眼睛能看见东西，此诗就将不朽。"[1]这种想法无疑让他在不幸中获得安慰。在他的《十四行诗》中，莎士比亚坚持认为对朋友的思念使他与生活和解，但我不禁怀疑，在这方面他写给朋友的《十四行诗》甚至更有效。伟大的艺术家和科学家的工作本身就是愉快的，他们获得了德高望重者的尊敬，并因此获得一种最根本的权力，即控制人们的思想和感情的权力。他们也有最充分的理由高度评价自己。人们认为，所有这些幸运加在一起，足以使任何人幸福。然而事实并非如此。比如，米开朗琪罗就非常不幸福，他声称如果不是穷亲戚催债，他绝不会费心创作艺术（我不相信这是真的）。产生伟大艺术的力量经常（但不是永远）与忧郁气质联系起来，如果不是工作的乐趣，艺术家可能因为深切的忧郁而自杀。我们不能因此断言最伟大的工作一定会使人快乐，我们只能断言最伟大的工作一定能减少悲伤。然而，科学家的忧郁比不上艺术家。在科学上做出伟大贡献的人，他的幸福通常来自工作。

当今的知识分子之所以不幸福，是因为许多人没有机会施展才华，尤其是精通文学的人，他们不得不为大型企业的庸人打工，创作一些荒诞、有害的东西。如果你去问英国或美国的记

---

1 节选自《莎士比亚十四行诗》的第十八首（*Shakespeare's Sonnet No. 18*），原文为："So long as men can breathe, or eyes can see, so long lives this."——编者注

者，看他们是否相信自己效力的报纸上宣传的政策，我断定只有少数人相信；而其他人都是迫于生计，将才华运用于达成他认为有害的目的。这样的工作不会带来真正的满足，勉强去做的人只会变得犬儒，再也不能从任何事情中获得全心全意的满足。我不责备做这类工作的人，因为不做就得挨饿。但我认为，如果一个人有机会做满足建设性冲动又不至于挨饿的工作，那他应该为了自己的幸福好好考虑：他选择工作究竟是为了更高的薪酬，还是为了值得做的事情。为工作感到羞耻的人很难有自尊，而没有自尊就不可能有真正的幸福。

虽然在建设性工作中收获满足是少数派的特权，但这个少数派可以非常庞大。只要人能支配自己的工作，他就能感到满足；只要人觉得自己的工作有用并且需要一定技能，他也能感到满足。培养令人满意的孩子是一项艰难的建设性工作，能带给人深切的满足。做到这一点的母亲会觉得，由于她的辛劳，世界多了一件珍宝。

如何整体地看待自己的生活？在这个问题上人与人的回答天差地别。对一些人来说这是自然而然的，并且他能愉快地这样做，这对于幸福至关重要。然而在另一些人看来，生活就是一系列孤立的事件，各自为营，杂乱无章。我认为前一种人更有可能获得幸福，因为他们能逐渐创造让自己满意且满足自己的自尊的环境，而后一种人会被环境推动，一会儿这样，一会儿那样，永远无法歇脚。整体看待生活的习惯是智慧和真正道德的重要组成，也是教育中应该鼓励的事情。始终如一的目标并不足以使生活幸福，但它却是幸福生活不可或缺的条件，并且往往体现在工作中。

第十五章

闲情逸致

在本章中，我要考虑的不是维系生活的主要兴趣，而是填补闲暇的次要兴趣，它能使人从更严肃的全神贯注的紧张中放松下来。在生活中，普通人关心和思考的问题主要是妻子、孩子、工作和经济状况。即使他有外遇，相比于关心外遇，他更关心外遇对家庭生活的影响。与工作密切相关的兴趣，我不认为是一种闲情逸致。例如，科学家必须了解他研究领域的最新进展。这类研究与他的职业密切相关，他的感情热烈而鲜明；可如果他浏览专业之外的科学研究，就会抱着一种完全不同的非专业、少批判、无偏见的精神。即使他必须聚精会神地阅读，这也是一种放松，因为这与他的职责无关。如果他对这样的书感兴趣，这就是一种闲情逸致；这种闲情逸致不可用于他的专业。这种主要活动之外的兴趣正是本章的主题。

　　造成忧郁、疲劳、神经紧张的原因之一是，人们对生活中缺乏实际意义的东西不感兴趣。结果是，只能把意识集中在少数问题上，而每个问题都包含了一些使人焦虑和忧虑的成分，导致人无暇休息。只有在睡眠中意识才能休息，同时潜意识思维逐渐成熟，形成智慧。而无暇休息导致激动、愚钝、易怒，分不清主次。这既是疲劳的原因，也是疲劳的结果。人变得疲劳就会丧失外在关切；而丧失外在关切使他无法放松，这又增加了他的疲劳。这种恶性循环很容易让人崩溃。外在关切之所以能让人放松，是因为它不要求付出任何行动。做决策是非常劳累的，尤其是在没有潜意识帮助而仓促决定的时候。在做重要决定之前必须先"睡一觉"的人真是太明智了。但潜意识不仅在睡眠中起作用，当人的意识被其他东西占据时它也能起作用。相比于在工作间隙一直为工作发愁的人，如果一个人能在工作结束时忘掉工作，直到第二天重新开始时才想起，他的工作效果可能会好很多。如果一个人在工作之外有许多其他兴趣，他就更容易在该忘记工作的时候忘记工作。但至关重要的是，这些兴趣不要运用被白天的工作弄得筋疲力尽的官能。它们不应该涉及意志和快速决策，也不应该像赌博那样涉及财务因素，通常也不应该太令人兴奋以至产生疲劳，或同时占据潜意识和意识。

许多娱乐活动满足上述所有条件。看比赛、去戏院、打高尔夫，这些都完全符合。对于一个嗜好读书的人，阅读与他专业无关的书籍是非常好的。无论让你忧虑的事情多么重要，都不应该用全部的清醒时间来思考。

在这方面，男人和女人很不同。总的来说，男人比女人更容易放下工作。家庭主妇自然放不下工作，因为她们不像男人那样离开办公室就到了新的地方，可以换一种心情。但如果我没有弄错的话，在这方面，职业女性与男性的差距也很大。也就是说，她们很难对缺乏实际意义的东西产生兴趣。她们的思想和行动都有目的，很难沉溺于纯粹的闲情逸致。当然我不否认有例外，我说的是一般情况。比如女子学院的女教师，她们在男人不在场的夜晚也谈工作；而男教师则不一样。这似乎表明女性比男性更有责任心，但我不认为长此以往女性的工作质量会提高。相反，这往往导致一定程度的狭隘与狂热。

所有的闲情逸致，除了有放松的重要功能，还有其他各种用途。首先，它能帮人分清主次。我们很容易沉溺于我们的追求、我们的小圈子、我们从事的那类工作，以至忘记了这只是人类活动的一小部分，忘记了世界上有太多事情完全不受我们影响。你可能会问：为什么要记住这些？答案有很多。第一，人应当了解真实的世界，使必要的行动与它一致。人生在世的时间不长，关于这颗奇妙星球以及它在宇宙中的位置，我们应当在有限的时间里掌握需要了解的一切知识。尽管这些知识并不完善，但忽略求知的机会就像去戏院而不听戏。这世界满是悲剧、喜剧、英雄剧、奇幻剧或悬疑剧，那些对舞台上形形色色的景致不感兴趣的人，失去了生活赐予的一种特权。

除了分清主次这个价值，闲情逸致还能安慰人心。我们常常过于激动，过于紧张，过于重视生活的一隅和生存的一瞬。这种兴奋和自视甚高没有任何好处。是的，它可以让我们工作得更努力，却没法让我们工作得更好。产生好结果的少量工作优于产生坏结果的大量工作，尽管倡导奋斗的人不这么认为。那些把工作看得极重的人总是有陷入狂热的危险，他只记得一两件值得做的事情，认为追求这些事情而损害其他事情是无关紧要的。预防这种狂热，最好的方法是对人类的生活和人在宇宙中的位置有宏观的理解。在个体和宇宙之间建立联系是很重要的事，除了能起到预防狂热的作用，它本身也有很大的价值。

现代高等教育的一个缺陷是太偏重训练某些技能，而太少通过客观观察世界来开阔心胸。比如说，在一场政治选举中，你为了本党的胜利而专心致志、努力工作。到目前为止，这很好。但在选举过程中出现一些可能获胜的机会，代价是增加世界上的仇恨、暴力和猜疑。例如你会发现，损害其他国家是获胜的最佳方法。如果你的思维局限在当下，或者你信奉效率至上的教条，你就可能采取这种可疑的做法。通过这些手段，你也许能在当下取胜，却在遥远的将来酿成灾难性的后果。相反，如果你一直记着人类的过去，记得人类摆脱蒙昧的过程有多么漫长，人类历史相比于天文纪元有多么短暂——如果你习惯这样思考，就会认识到，你从事的这场短暂的斗争，不值得让人类冒险后退，回到我们正缓慢摆脱的黑暗。不仅如此，如果你当前的目标失败，你也会意识到这种失败是短暂的，不值得运用卑鄙的武器。在当前的活动之外，还有一些遥远的目标在你面前徐徐展开，你不是孤军奋战，而是带领人类走向文明的浩浩大军中的一员。如果你达到这种境界，无论个人命运如何，你会永远有一种深层次的幸福。生命已经连接上各个时代的伟人，个人生死就变得无足轻重。

如果我能按自己的意愿组织高等教育，我会取消几乎不吸引年轻人、只适合最蒙昧反智者的正统宗教，取而代之的是一种新的很难称之为"宗教"的东西，因为它只关心确凿的事实。我要让年轻人清楚地了解过去，清楚地知道人类的未来很可能比人类的过去长得多，深刻地意识到我们生活的星球有多么渺小，这星球上的生命有多么短暂。这些事实让他们知道个人的渺小，同时我要用另一组事实让年轻人铭记个人可以有多么伟大——在深邃的星空里，这是我们所知道的最伟大的价值。斯宾诺莎[1]很早就探讨过人类的束缚和自由，只是由于他的形式和语言，哲学系以外

---

1 巴鲁赫·德·斯宾诺莎（Baruch de Spinoza，1632—1677），荷兰哲学家。——译者注

的学生很难理解他的思想，但我要表达的和他所说的本质上没有区别。

曾经认识到是什么使灵魂伟大的人，无论这种念头多么短暂、多么简单，如果他甘于狭隘、自私，继续斤斤计较、杞人忧天，那他就绝不会幸福。伟大的灵魂会敞开思想的窗，让宇宙各处的风自由吹入。他会尽可能真实地看待自我、生命和世界，在认识人生短暂渺小的同时，也认识到宇宙中最有价值的东西就在人的思想中。他会看到，在某种意义上，谁的思想反映世界，谁就和世界一样伟大。不害怕成为环境的奴隶，这样的人会体验到深刻的快乐，即使生活中充满悲欢离合，他的内心深处始终是快乐的。

抛开这些宏大的思考，回到我们眼下的主题，即闲情逸致的价值。还有另一个原因说明它有益于幸福。即使最幸运的人的生活也难免有不如意。除了单身汉，很少有男人不曾与妻子吵架，很少有父母不曾为儿女的病操心，很少有商人不曾遇到财务压力，很少有职业人士不曾面对失败的危机。在这种情况下，能对烦心事之外的东西产生兴趣是一种巨大的福音。在焦虑而无计可施的时候，有人下棋，有人阅读侦探小说，有人沉醉于大众天文，还有人研究乌尔[1]的发掘聊以自慰。这四种人都是明智的。而

---

1 乌尔，在《旧约》中叫作"迦勒底的吾珥"，是犹太人先祖亚伯拉罕的故乡，也就是犹太人的发源地，遗址位于今伊拉克。——译者注

那些不懂得自我排遣、任烦心事压垮自己的人是不明智的。这让他在该采取行动的时候无法应对。同样的道理也适用于于事无补的悲伤，比如挚爱之人的死去。这时沉溺于悲伤对任何人都没有好处。悲伤是不可避免的，也是理所当然的，但应该尽可能减少悲伤。有的人极力从不幸中获得最大的痛苦，这纯属伤感癖。我当然不否认人可能被悲伤击垮，但我要说的是，人应当竭力摆脱这种命运，应当尽可能排遣悲伤，无论这种排遣多么微不足道，只要它本身无害或不卑鄙就好。所谓有害和卑鄙的排遣，我认为包括酗酒和吸毒，它们的目的是暂时摧毁思想。合适的方法不是摧毁思想，而是把思想引入新的通道，至少是远离当前不幸的通道。如果生活一直集中在较少的兴趣上，而这种兴趣目前又充满悲伤，人就很难做到这一点。要想承受住不幸，明智的做法是在未遭遇不幸时培养广泛的兴趣，这样头脑中就会有一片净土，给人带来不同的联想和情绪，而不是那些分分钟难熬的情感。

一个充满活力和热情的人能够克服所有不幸，并在每一次打击后重拾对人生和世界的兴趣。他的人生和世界不会狭窄到承受不了一次重大失败。被一次或几次失败打倒，对于这样的人我们不应该佩服他感性，而只能痛惜他脆弱。我们的所有感情都受制于死亡，而它随时可能击倒我们所爱的人。因此，生活中绝不要有那种狭隘的紧张感，它会让偶然性支配我们生活的全部意义和目标。

　　所以，一个明智的追求幸福的人，应该在生活的主要乐趣之外设法培养一些闲情逸致。

第十六章

努力与放弃

中庸之道是一种无趣的学说。年轻时我曾轻蔑、愤慨地拒绝它，因为当时我崇拜的是英雄式的极端主义。然而真理并不总是有趣的。人们相信许多有趣的事情，但事实上，没有什么能证明有趣的事情就是对的。中庸之道是一个典型的例子：它可能很无趣，但在很多问题上，它代表真理。

有一个方面必须保持中庸之道，那就是努力和放弃之间的平衡。这两者都有极端的拥护者。圣徒和神秘主义者宣扬放弃的学说，效率专家和强身派基督徒[1]鼓吹努力的学说。这些对立的学说都只包含了部分真理。在这一章中，我想试着取得平衡。先从努力谈起。

除了极个别的例子，幸福并不是一种瓜熟蒂落的东西，不是

仅靠运气就可以获得，这就是本书书名的来源[1]。这世界充满了可避免和不可避免的厄运，充满了疾病和心理冲突，充满了斗争、贫穷和恶意，想获得幸福的男男女女，必须设法应对困扰着人们的诸多不幸的根由。在极个别情况下，幸福不需要太多努力。一个生性随和的男人继承了一大笔财富，并且身体健康、品位简朴，他就可以舒服地过一辈子，永远不用瞎操心；一个生性懒散的漂亮女人嫁给富有的丈夫而不需要努力，如果她不介意发胖，并且在子女方面也足够好运，那她就能享受舒服的闲散生活。但这些都是特例。大多数人并不富有；许多人并非生性随和；一些人涌动着不安的激情，无法忍受安定、有规律的生活；健康的福分不是谁都有的；婚姻也不总是幸福之源。总之，对于大多数男男女女，幸福应当是一种成就，而不是上天的恩赐。要想获得幸福，内在和外在的努力都至关重要。内在的努力可能包含必要的放弃，因此，现在我们只考虑外在的努力。

　　任何为了谋生而工作的男女都需要努力，这一点很明显，不用特别强调。的确，印度的托钵僧用不着努力便可谋生，他只需要拿着钵盂等待信徒施舍，但西方国家的政府对这种获取收入的方法没有好感。而且，西方的气候也不像温暖干燥的国家那么宜人：至少在冬天，很少有人懒到宁愿在室外闲逛也不愿意待在温

1　本书英文名是"*The Conquest of Happiness*"，直译即为"对幸福的征服"。——译者注

暖的房间里工作。因此在西方，单纯的放弃不是一条致富之路。

西方国家的大多数人认为，仅仅活着算不上幸福，他们还渴望成功。一些职业中，收入不高的人也能获得成就感，比如科学研究；而大多数职业中，收入已然成为衡量成功的标准。从这一点来看，大多数情况下放弃是应该的，因为在这个充满竞争的世界，只有少数人能够脱颖而出。

婚姻中是否需要努力，要视情况而定。对于占少数的性别，比如英国的男性和澳大利亚的女性，通常不需要多少努力就能如愿地结婚。然而对于占多数的性别，情况就正好相反。在女性占多数的地方，只要研究一下女性杂志上的广告，就能很明显地看到她们为了结婚而付出的努力和心血。而男性占多数的地方，他们经常采用更干脆的方法，比如使用左轮手枪。这不难理解，因为大多数男人还处于文明与蒙昧之间。如果一场针对女性的瘟疫使英国的男性成为多数，我真不知道他们会怎样。也许他们会重拾过去的英勇风度。

成功养育孩子要付出的努力是显而易见的，这一点应该没人质疑。在那些相信放弃、相信错误的"精神至上"人生观的国家，婴儿的死亡率都很高。医疗、卫生保健、消毒灭菌、合理膳食，这些都需要世俗的关注，需要将精力与才智专注于物质环境。那些认为物质是一种幻觉的人往往也认为尘垢是一种幻觉，但他的孩子可能因此而死。

一般而言，凡有自然欲望的人，都会把获得某种权力当成正当的目标。人渴望的权力取决于他最强烈的激情：有人渴望控制别人行为的权力，有人渴望控制别人思想的权力，有人渴望控制别人情感的权力，有人渴望改变物质环境，还有人渴望知识带来的权力感。每一种公职都包含对某种权力的渴望，除非是为了通过贪污获取财富。为人类的忧患而真诚痛苦的人渴望减少忧患的权力。只有对同胞漠不关心的人才对权力漠不关心。因此，一些形式的权力欲应当被接受，它们可以成为良好社会缔造者的武器。只要不被扭曲，每一种权力欲都包含一种与之相关的努力。以西方人的心态而论，这种结论似乎是老生常谈，但西方国家不少人正在玩味所谓的"东方智慧"，而东方国家正在抛弃它。他们也许会质疑我所说的话，即使这样，还是值得一说。

然而，放弃在幸福之路上也起到了重要的作用，其重要性不亚于努力。聪明人不会在可避免的厄运前坐以待毙，更不会在不可避免的厄运前浪费时间和情感，甚至如果避免厄运会消耗时间和精力，使他无法追求更重要的目标，那他宁愿屈服于这种厄运。许多人会因为一些小事出错而烦恼、愤怒，消耗了本可以有效利用的精力。即使在追求真正重要的目标时也不要过于情绪化，以至被失败的忧虑扰乱了心神。基督教让我们服从上帝的意志，即使不相信这一说法的人，也应当有类似的信念，在他的所有行动中一以贯之。在实际工作中，效率与投入的情感不成正比，情感甚至会降低效率。好的态度是尽人事，听天命。放弃有两种，一种源于绝望，另一种源于不可磨灭的希望。前者不好，而后者却不错。一个遭遇重创以至对取得重大成就不抱希望的人，他的放弃可能是第一种。如果这样，他会放弃所有重要的活动。他也许会用宗教的词语或者用"沉思乃人之归宿"这样的教条掩饰绝望，但无论他用何种伪装掩饰内心的挫败，本质上都是无效的，只会带来根本的不幸。如果一个人的放弃是建立在不可磨灭的希望之上，行为方式则完全不同。不可磨灭的希望一定是宏大的而非个人的希望，无论我的个人行为是什么，我可能会被死亡和疾病打败，可能被敌人打败，可能发现自己走上了不明智的不可能成功的道路。纯粹的个人希望不可避免地会破灭，但如果个人目标是伟大的人类希望的一部分，那么即使遭遇失败，也不会是彻底失败。希望创造伟大发现的科学家也许没能做到，也许因为头痛不得不放弃工作，但如果他追求的是科学的进步，而不只是希望自己能引领科学进步，他就不会像完全出于个人动机做研究的人那样绝望。一个致力于迫切改革的人，发现一场战争打断了他的所有努力，他会意识到，有生之年自己的愿景都不会实现。但只要他关心人类的未来，而不是只关心自己能否参与，他就不会因此陷入彻底绝望。

上述情形中的放弃是最难的，还有一些放弃简单得多。在这些情况下，只是次要的目标遭受了挫折，但人生的主要目标仍有

成功的希望。例如，一个从事重要工作的人如果因不幸福的婚姻
而分心，就表明他在放弃这方面没有做好。如果工作全神贯注，
他就应该像看待下雨天一样看待这种偶然的麻烦。对这些琐事小
题大做，实在是愚蠢至极。

有的人连一些小麻烦都无法忍受，如果任其如此，麻烦会
成为生活的主要部分。误了火车，他勃然大怒；晚饭没做好，他
暴跳如雷；烟筒漏烟，他心如死灰；洗衣店未能送还衣物，他发
誓要报复整个工业文明。这些人在琐碎的问题上耗费如此多的精
力，如果明智地利用这些精力，足以建立或推翻一个帝国。聪明
人看不到女仆没有打扫灰尘，看不到厨师没有煮好土豆，看不到
清洁工没有清扫烟灰。我并不是说他有时间也不采取补救措施，
我的意思是，他根本不会在这种事情上倾注感情。忧虑、焦急和
烦恼是无用的感情。这类感情非常强烈的人可能会觉得自己无法
克服，我不知道除了放弃，他还能有什么办法。专注于宏大而非
个人的希望，能够让人忍受个人工作中的失败，或者不幸婚姻中
的麻烦，让他在错过火车或失手把伞掉入泥中时泰然处之。如果
他生性烦躁，我不知道除此之外还有什么方法可以治愈。

摆脱了忧虑的人会发现，生活总是比他烦躁时快乐得多。泛
泛之交的奇怪个性从前让他歇斯底里，现在只觉得好玩。当某人
第347次讲述火地岛主教的逸事，他只是以记次数为乐，而不用
其他逸事转移话题。着急赶火车时鞋带断了，稍微咒骂之后他就

会想到，在整个宇宙的历史中这些问题没什么了不起。一个乏味的邻居突然拜访，打断了他的求婚，他会想到除了亚当外所有人都可能面临这种灾难，而且亚当也有自己的麻烦。通过奇异的类推和对比，我们可以有无数种方法从微小的不幸中寻求安慰。我想，每一个文明人都有一幅自己的肖像，一旦损坏就会恼怒。最好的解决方法是，不要只有一幅肖像，而要拥有整个画廊，并视情况选择合适的一幅。最好是部分肖像有点滑稽，整天把自己当成高雅悲剧的主角是不明智的。我不是让人总把自己想成戏剧里的小丑，因为这只会更让人恼火。人需要一点儿圆滑，才能根据情况选择合适的角色。当然，忘掉自己、不去扮演任何角色是最好的。但如果扮演某种角色是你的第二天性，那就当自己在演所有的剧目，这样也就避免了单调。

许多积极的人认为，哪怕最轻的放弃、极小的幽默，都会消耗他工作中的精力，摧毁他实现成功的决心。我认为这些人是错的。值得做的工作，即使不夸大它的重要性、不低估它的难度也可以做好。那些靠自欺才能工作的人，最好先学会忍受真相，再继续自己的事业，因为如果要靠谬见来支撑，工作迟早会变得更糟而不是更好。无所事事也胜过做有害的工作。世界上有益的工作，一半是用来对抗有害工作的。花一点儿时间认清事实并不是浪费时间，而且与那些需要不断自我膨胀来激发热情的人相比，认清事实的人做有害工作的可能性要小得多。一定程度的放弃涉及我们面对自身真相的意愿，虽然它刚开始会造成痛苦，但最终能够防范自欺者的失望和幻灭——这可能是唯一的预防方法。每天都努力相信一些日益荒诞的东西，这是最令人疲惫的，长此以往也是最令人恼火的。结束这种努力，是获得安全感和持久幸福的必要条件。

第十七章

幸福的人

显而易见，幸福部分取决于外界，部分取决于自身。本书中，我们一直讨论后者，并且得出了这样的结论：立足于自身，幸福的秘诀很简单。许多人认为，缺乏宗教信念，人就不可能幸福——我想前面提到的克鲁奇先生也是持这种观点。许多不幸者认为，他们悲伤的原因是非常复杂和理智的。我认为这并非幸福或不幸的真正原因，只是幸福或不幸的征兆。通常，不幸者有不幸的信条，幸福者有幸福的信条；每个人都把自己的幸福或不幸归因于自己的信仰，这是倒因为果。对于大多数人来说，想获得幸福，有些东西是必不可少的。而这些东西很简单：食物和住所、健康、爱情、成功与名望。对某些人来说，为人父母也很重要。缺乏这些东西却能快乐，只有特殊的人才能做到。但如果有人享有这些东西或者能通过正确的努力获得这些东西却仍然不快乐，那他可能正在承受心理失调；如果严重就需要求助于心理医生，但一般情况下只要患者能正确行事，就可以自我疗愈。只要人的激情和兴趣是向外发展的，只要外部环境并非绝对不幸，人就能获得幸福。因此，无论在教育上，还是在适应世界的过程中，我们应当尽力避免以自我为中心的激情，尽力追求那些不囿于自身的情感和兴趣。绝大多数人生来就不可能在监狱里感到快乐，然而自我幽闭的激情是一种最糟糕的监狱。这类激情中最常见的是恐惧、妒忌、负罪感、自怜和自负。所有这些激情都是以自我为中心的：没有对外界的真正关切，只是担心自我会以某种方式受到伤害，或者担心自我得不到满足。人们不愿意承认事实，迫切地把自己裹进谬见的温暖外衣，主要原因就是恐惧。但荆棘会撕破外衣，冷风会从缝隙灌进来，这些习惯了温暖的人会比那些在寒风中磨炼过的人受更多苦。而且，自欺者在内心深处通常清楚他在自欺，因此他生活在忧惧之中，唯恐一些不幸的事实让他不得不痛苦地承认这一点。

以自我为中心的激情有一个很大的缺点，那就是它使生活变得平淡。的确，只爱自己的人不会被指责感情放荡，但他挚爱的对象始终如一，注定要遭受难熬的无聊。因负罪感而痛苦的人实际上是因某种特殊的自爱而痛苦。他认为，在浩瀚的宇宙中最重要的莫过于自己的美德。鼓励这种特殊的自我沉溺，是某种传统宗教的严重错误。

幸福的人客观地生活，自由地爱，广泛地关切，他因为爱和关切而幸福，也因为被爱和被关切而幸福。得到爱是幸福的重要源泉，但缺爱的人不等于被爱的人。一般来说，得到爱的人就是给予爱的人。把给予爱当作放贷一样计算是毫无意义的，因为精打细算的爱不是真正的爱，接受者也感受不到。

　　一个因自我幽闭而郁郁寡欢的人可以做什么呢？只要他继续思考不幸福的原因，就会继续以自我为中心，无法逃脱这个恶性循环。要想走出恶性循环，必须靠真正的关切，而不是为了治病假装的关切。困难的确存在，但如果他正确地诊断自己的问题，就仍有许多事情可做。例如，如果他的问题在于负罪感，无论是有意识的还是潜意识的，他可以先说服自己的意识，相信自己无罪，然后通过前文讨论的方法，把这种理性信念植入到潜意识里，同时参与一些不牵涉个人情感的活动。如果成功打消了负罪感，真正的客观兴趣就能自发产生。如果他的问题在于自怜，他可以说服自己所处的环境中没有什么特别不幸的事情，然后采取同样的方法。如果他的问题在于恐惧，可以让他做一些旨在培养勇气的练习。自古以来，体魄之勇就被认为是一种美德，男孩和年轻男人的大部分训练都致力于培养在战斗中的无畏精神。但很少有人学习道德之勇和智识之勇，其实这也是有方法的。每天至少承认一个痛苦的事实，你会发现它就像童子军日行一善一样有用。即使你觉得自己在道德和智识上都不如你的朋友（当然事实并非如此），你也要让自己相信生活是值得过的。这类练习持续几年，最终你将无所畏惧地接受事实，然后从疆域广阔的恐惧王国中解脱。

当你战胜了自我沉溺，你的客观兴趣是什么应该由你的天性和外部环境共同作用，自然产生。不要预先对自己说："如果迷上集邮，我一定能快乐。"然后你就开始集邮，因为你可能无法对集邮产生兴趣。只有你真正感兴趣的东西才对你有用，但你应该相信，只要你不再自我沉溺，很快就能找到真正的客观兴趣。

在很大程度上，幸福的生活就是快乐的生活。职业道德家太重视"克己"，把注意力放错了地方。有意识的克己会让人自我沉溺，清楚地意识到自己牺牲了什么。因此，他往往无法实现直接目标，也几乎总是无法实现终极目标。幸福的生活需要的不是克己，而是对外界的关切，这种关切会导致自发且自然的行为，而一个追求美德的人要靠克己才能做出相同的举动。我以快乐主义者的身份写这本书，也就是说，我把幸福视为善。虽然快乐主义者提倡的行为，大体上和理智的道德家提倡的行为相同，然而道德家太容易论迹不论心。当然，并不是所有道德家都如此。相同的行为如果出自不同的心理，影响可能大不相同。如果看到孩子落水，你出于直接冲动救了他，这无损于道德。相反，如果你对自己说："救人是一种美德，我希望做个有道德的人，所以我要救他。"那救人之后将会比救人之前更糟。适用于极端情况的道理也适用于一般情形。

　　我的生活态度和传统道德家所建议的生活态度，存在一种微妙的差别。例如，传统道德家会说，爱情应当无私。在某种意义上他是对的，也就是说，爱情不应过分自私。但毫无疑问，爱情应当具有一定的自私，因为成功的爱情能带来幸福。如果男人向女人求婚的理由是希望她幸福，认为这是自我牺牲的绝佳机会，我怀疑这位女士不会开心。毋庸置疑，我们应该希望所爱之人幸福，但不应该用他们的幸福取代我们自己的幸福。事实上，克己的教条暗含了自我与世界的对立，只要我们对外部世界的人和物产生真正的关切，这种对立就会消失。有了这样的关切，人会觉得自己是生命长河的一部分，而不是像台球那样的坚硬个体——除了碰撞，单个台球间没有关联。所有的不幸都是因为某种分歧或不相融。自我的分歧是因为意识和潜意识缺乏配合；而自我和社会不相融，是因为缺乏关切和爱，导致两者无法连接在一起。幸福的人不会因为这两种分歧而痛苦，他的个性既不会发生内讧，也不会与世界对立。他把自己当成世界公民，自由地享受世界的景致和欢愉。他不会一想到死亡就痛苦，因为他觉得自己与后来者仍有联系。这种与生命长河的联系是深切的、蕴含在本能里的，是最大的欢愉所在。

《罗素论幸福》
独家导读手册

现代人的解忧秘籍

——《罗素论幸福》导读

 诸位读者现在打开的这本《罗素论幸福》的作者，自然是大名鼎鼎的英国哲学家伯特兰·亚瑟·威廉·罗素（Bertrand Arthur William Russell，1872年5月18日—1970年2月2日）。罗素是第三代罗素伯爵，其爵位继承自其祖父约翰·罗素（John Russell，1792年8月18日—1878年5月28日）。老约翰是活跃于19世纪中期的英国辉格党及自由党政治家，曾两次出任英国首相之职。因为出身名门，伯特兰·罗素自幼受过良好的教育，阅历广泛，且心怀天下。1920年7月，罗素前往中国和日本讲学，对中国学术界有相当影响，与中国的五四运动亦构成了某种积极的思想回应。根据钱锺书先生的小说《围城》的描述，与罗素交谈的经历曾被当时中国的知识分子视为重要的谈资，让有留英经历的褚慎明在男主人公方鸿渐面前好好"凡尔赛"了一把。《围城》虽是小说，但内容多取材自钱先生对当时学界动态的观察，故此段描述估计是来自当时颇为流传的某个"梗"。

 本书的书名叫《罗素论幸福》。顾名思义，这显然是一本关于人生哲学的书籍。罗素一生，在人生哲学方面著述颇丰，除了本书，此类著作还有《论教育，尤其是幼儿教育》（1926）、《教育与善的生活》（1926）、《婚姻与道德》（1929）、《伦理学与政治学经纬中的人类社会》（1954）、《人类有未来吗？》（1961）、《性格的教育》（1961），等等。然而，罗素本人最主要的学术贡献却不是在人生哲学方面，而是在数理逻辑与分析哲学方面。罗素年轻的时候，英国哲学界的主流思想流派乃是新黑格尔主义（富有讽刺意味的是，在当时，黑格尔主义在黑格尔的老家德国反倒不那么吃香），其领军哲学家乃是布拉德雷（Francis Herbert Bradley，1846—1924）。布拉德雷的学术风格乃是整体主义的，即认为对于任何一个貌似孤立的命题的分析，都要牵涉到对于该命题所在的整个世界的内部关系的考察。这就好比说，你要是想理解为何曾国藩得了皮肤病，你就得理解整个曾氏家族的基因特征——而这种对于整体的追溯会最终逼迫你去了解所有哺乳动物的基因特征。罗素则代表了一种与之完全不同的学术风格。他相信世界上有很多命题的真假是可以通过对当下经验的参考而被确定的。比如，你如果要确定曾国藩是不是湖南人，未必就一定要预先确定他是不是李鸿章的老师，更不用预先确定李鸿章是不是安徽人。这也就是说，曾国藩即使不认识李鸿章，或李鸿章即使是四川人，也不妨碍曾本人是湖南人。由此看来，我们大可不必被布拉德雷对于真理的整体结构的宏观描述所吓倒，而可以"零敲碎打"地来追求我们自己经验范围之内的真理。

罗素的这种学术风格在人生哲学与政治哲学的维度上导致他倾向于个人主义与民主主义，而不是主张共同体地位优先的社群主义或者国家主义（与之相较，在罗素年轻时统治英国哲学界的新黑格尔主义则是走社群主义与国家主义路线的）。另外，罗素还努力寻找一种新的逻辑工具，以便更为方便地来表达他的哲学思想。这一逻辑工具就是德国哲学家、逻辑学家弗雷格（Friedrich Ludwig Gottlob Frege，1848—1925）发明的数理逻辑——说得更学术化一点儿，是"一阶谓词逻辑"与"命题逻辑"。命题逻辑允许逻辑学家以纯粹外延化的方式，将不同命题之间的关系转化为基于命题的真值的关系，而由此将对于命题的意义内容的考量加以边缘化。这种外延主义的思维方式使罗素对数学符号的意义内容的独立地位也产生了很大的怀疑，最终导致他采取了一种叫"逻辑主义"的数学哲学立场。根据这种立场，所有的数学命题都能被还原为逻辑命题。表述这一立场的名著《数学原理》〔罗素与英国数学家、逻辑学家怀特海（Alfred North Whitehead，1861—1947）合写〕则成为罗素一生中最重要的学术著作。

但有趣的是，罗素最重要的学术著作，却很少有人读。罗素在二十世纪早期访问中国时，就发现他的逻辑哲学讲座并没有得到中国听众的广泛回应——中国听众似乎更关心罗素对于中国未来的政治前途的看法。而这种轻视罗素核心学术贡献的情况，在我国似乎延续了很长的时间。在二十世纪末，当时还在读研究生的笔者在复旦大学哲学系（今哲学学院）的系图书馆找到了英文版的《数学原理》，结果竟然被书上所蒙的灰尘呛得直咳嗽。想必在笔者之前，翻看这本书的人肯定很少。

笔者本人在学习罗素哲学的时候，一直被如下问题所困扰：那个写下如此晦涩的《数学原理》的罗素，与那个写下可读性如此强的《罗素论幸福》的罗素，难道是同一个人吗？这两者之间究竟有什么联系呢？

有一种流传颇广的意见，就是认为罗素在这些通俗作品上浪费了太多的时间，以至放弃了他在学术领域做出更大贡献的机会。持有这种观点的学者，有撰写《超越分析哲学》的美籍华裔哲学家王浩，以及罗素的传记专家、英国学者瑞·蒙克[1]。但这种见解其实并没有正面回答"两个罗素之间的正面联系是什么"这个问题。另外的一种解读便是笔者前面提到的那种意见：罗素在学院哲学领域内对于整体主义的拒绝与他在人生哲学领域内对于个体主义的凸显，其实是构成了某种隐蔽的共谋。然后，这种貌

---

1 请参看［美］王浩《超越分析哲学》，徐英瑾译，浙江大学出版社2010年版；［英］瑞·蒙克《罗素传：孤独的精神1872—1921》，严忠志、欧阳亚丽译，浙江大学出版社2015年版；［英］瑞·蒙克《罗素传：疯狂的幽灵1921—1970》，严忠志、欧阳亚丽译，浙江大学出版社2016年版。

似有理的解答其实也没有回答这样一种困惑：罗素为何不像黑格尔那样，将他在各个领域内的工作连缀为一个条理清晰、风格统一的整体，而是任凭两种风格不同的著述各自肆意展露自己的个性呢？关于这个问题，笔者本人的解释则有如下几点：

第一，可能是祖父的为相经历带来的家族影响，罗素对于争夺公众话语权的兴趣，压过了他在学院内部成名的兴趣。具体而言，罗素的人生第一志向可能并不是做那种技术性很强的哲学〔这一点他曾在与自己女友奥托琳女士（Ottoline Violet Anne Morrell，1873—1938）的信件中有所表露〕，而是对社会产生实际的影响，以促进社会的进步。很显然，像《数学原理》这样的"天书"是很难产生足够的社会影响的（罗素本人曾向四周的朋友咨询，有多少人读过他的《数学原理》，答案是六人。这让他感到很受伤）。甚而言之，任何一种意义上的分析哲学研究似乎都不能满足他的这个志向。这就自然使他踏上了面向大众的通俗写作之路。另外，罗素本人的生活经历也使他的相关著述具有了扎实的经验基础：罗素游历广泛，见过列宁等政治名人（这对于当时的西方学者来说是非常罕见的经历）、拿过诺贝尔文学奖，但也经历两次牢狱之灾，以及四次婚姻，可谓大起大落、跌宕起伏。如此丰富的经历自然会刺激他进行关于人生智慧的总结。

第二，罗素本人情史丰富，频繁离婚、结婚，在华讲学时所携女友多拉（Dora Black Russell，1894—1986）因为尚且没有与他正式婚配，还引发了中国学界朋友的阵阵私议。他的这种大胆做派也引发了他本人与当时作风尚属保守的英美上层社会的激烈冲突。为了能够为一种更符合他本人所秉持的具有自由主义风格的人生态度创造更大的生存空间，从事面向大众的人生哲学著作的写作，也无疑成为一道方便法门。在这个问题上，花费时间去进行学院哲学的写作，可谓是缘木求鱼。

第三，当罗素使用比较通俗的语言阐述他的人生智慧的时候，他反而能够摆脱那些技术性的学院哲学概念的束缚，更为自由地进行表述。这也使很多在分析哲学资源之外的古典哲学资源悄然进入了罗素的思想表述，如后文所要提到的斯多葛主义。换言之，与罗素的分析哲学表述所展露出的对于西方哲学传统的傲慢态度不同，罗素的人生哲学的确展现了一个与西方哲学传统（特别是西方哲学尚未被学院化的那个原初姿态）更为友好的姿态。反过来说，如果他非硬是要用那种形式化的技术刻画手段来强制性地重新表达此类思想的话，一些重要的思想洞见反而会因此被牺牲掉。

现在，我们转到对于《罗素论幸福》这本书的介绍上。

《罗素论幸福》这本书的英文书名是 *The Conquest of Happiness*，原来的意思是"对于幸福的征服"，但此书名中的"征服"二字略带杀气，所以便被译者变通为现在的这个样子。美国的《时代周刊》在该书出版当年（1930）对该书有如下介绍："……罗素是我们时代的圣人（一位科学家，一流的数学家），很少人能对其由清晰的逻辑推理而来的高道德标准提出异议。他的逻辑推理使他理性的、完美的劝诫看起来简直就像是最简单的常识，但是似乎很少人能去实践它。不过至少我们可以这么说：他的这种简单的观点可以成为人们应对生活之惑的一服解药。"

有人或许会问：罗素的这部于1930年首次出版的著作，对于今天的中国人会有什么意义呢？

笔者认为理由有四：

第一，本书对于现代人不幸福的根源进行了揭露，并对如何增强现代人的幸福感开出了一些可行性颇强的药方。这就使相关的哲学思考具有了"灵魂治愈"的功能。这是当代西方通俗哲学的一个重要路向，相关的代表人物还有法国哲学家阿多（Pierre Hadot，1922—2010）与美国哲学家波西格（Robert Maynard Pirsig，1928—2017），尽管此路向的哲学在我国的接受度还不是很高。毋庸讳言，总体上看，我国的一般哲学读物的理论性都比较强，而缺乏对于普通公众所遭遇的日常问题的覆盖力。在这方面，罗素的这本书能够起到某种拾遗补阙的作用。

第二，该书所讨论的话题体现了工业化时代打工人的不少共性问题，而并非仅仅适用于西方人。其中所涉及的一些具体问题——职业倦怠、职场嫉妒、被迫害妄想症等——对于在职场打拼的中国年轻人来说也是适用的。

第三，虽然罗素本人的政治立场一直倾向于自由主义与个体主义，但本书的立场倾向性并不明显。罗素非常清楚，对在职场工作的个体而言，系统性改造社会结构并非改善其自身处境的可行性道路，因此，个体必须开发出一系列更为"经济"的方法来增加其积极的生活体验。这个思路在相当程度上就与古典斯多葛主义的教条——"如果你改变不了客观存在的问题，那就改变你对于问题的主观判断"——暗合。此类生活诀窍能够在最大程度上减少个体与社会建制相互冲突的可能性，并因此与中国的社会现实相对比较合拍。

第四，难能可贵的是，罗素在这本书提到了现代的基于平等主义理念的社会结构与嫉妒感之间的内在关联，指出恰恰是平等主义促成了攀比心理，而攀比心理本身又造成了不幸福感。很显然，这种观点是对罗素本人所明确持有的自由主义教条的一种背叛，而这一点本身恰恰说明当罗素按照自己的生活常识——而不是某种现行的教条——进行思考的时候，他本人更容易与基于"节制"概念的古典伦理学智慧达成默契。这种行思风格，对于目下依然迷恋某些现代性教条的某些中国青年来说，无疑是一剂清醒剂。

本书的基本构架分为两部分。

第一个部分是诊断性的，其核心问题乃是追问"为何现代人不幸福"。第二部分则是治疗性的，其核心问题乃是"如何让现代人摆脱不幸福感"。

根据笔者的概括，罗素对于"为何现代人不幸福"这个问题的答案可以被归结为四个字：累、烦、怕、比。

现代人不幸福的首要原因是"累"。关于"累"，罗素写道：

> ……然而，在现代世界最发达的社会，最严重的疲劳是神经疲劳。奇怪的是，这种情况在富裕阶层最明显，并且在工薪阶层中出现的比例少于商人和脑力劳动者。（本书第52页）

在下面一段文字中，罗素绘声绘色地描写了一个现代"成功人士"的疲惫的一天：

> 想想这样一个人的生活：他可能有一所漂亮的房子、一位迷人的妻子和几个可爱的孩子。每天早晨，当妻儿还在睡觉时，他已经早早起床，匆忙赶到办公室。他是行政领导，要在办公室展现自己的风采。他下颌结实，言辞犀利，行事睿智，感染了除勤杂工外的每一个人。他口授信函，与许多重要人物通话，研究市场，接

着与正在做生意或希望做生意的人共进午餐。整个下午他还是忙着同样的事情。他身心俱疲地回到家里，换身衣服又去参加晚宴。席间，他和许多同样疲惫的男人一样，假装享受女士的陪伴，而这些女士连感到疲惫的机会都没有。谁也不知道这些男人要过多久才能脱身。最后他终于可以入睡，让紧张的神经放松几个小时。（本书第33页）

　　笔者对上述两段引文颇有感触。为何身体的疲劳反而没有精神的疲劳让人感到难以忍受？这一点可是有着非常深刻的认知科学道理的（尽管罗素对此并未明说）。我们知道，人脑是人体最消耗能量的器官（它重约1400克，仅占人体重的2%，但是它消耗的能量却占人体的20%），而人脑最耗能的运作方式则是复杂的决策活动——此类活动依赖于前额叶等重要脑区部位的大量神经活动。很明显，脑力劳动者因为繁重的脑力运作，其消耗的能量其实并不亚于体力劳动者——而且，因为高度用脑，人体便很难顺利进入休眠状态，而由此导致的失眠，则又进一步增加了脑力劳动者的疲劳感。

　　那么，到底又是什么原因导致脑力劳动者必须要操劳这么多事呢？

　　罗素提到了三个原因：

第一，都市生活本身带来的大量的干扰信息。罗素写道：

> 在现代生活中，摆脱疲劳是很困难的。首先，在整个工作时间，城镇职工都被噪声环绕——尤其是上下班途中。他尝试屏蔽大部分声音，但仍然筋疲力尽，这主要是因为他潜意识里拼命地不听这些声音。（本书第52～53页）

说得更普遍化一点儿，现代生活逼迫一个人同时扮演多重角色，这就使现代人的大脑时常处在"多重任务管理"的重负之中（顺便说一句，在"微信"已经成为基本办公工具的今天，通信技术的进步反而增加了现代人的工作负荷，使现代人始终处于紧张的精神状态）。相比较而言，从事相对简单的工作的劳动者，在这方面受到的精神折磨反而较少。

第二，现代都市生活带来的复杂人际交往负担，可能已经超越了心智负载的上限，让人觉得疲于奔命。就此，罗素写道：

> 另一个没有被意识到但仍然让我们神经疲劳的，是经常遇见陌生人。人类和其他动物一样，本能地想弄清楚每一个陌生人，然后决定对他报以善意还是敌意。那些在高峰时刻乘地铁的人必须抑制这种天性，他不情愿

但又不得不和这些陌生人接触，因此，心中升起无限怒火。（本书第53页）

罗素的这段描述同样有着深刻的认知科学学理做支撑。按照进化心理学的观点，现代人的心智与采集—狩猎时代的原始人的心智并无本质不同，它与后者一样，依然是对于原始的生存环境的"适应器"——然而，人类在最近两千年的文明演化速度实在太快，这就使原本适应早期采集—狩猎环境的人类原始心智配备，对突然出现的外部环境产生了不适应性。在这方面的一个集中的表现，便是我们无法有效地处理关涉到陌生人的信息。这又是因为，在原始的采集—狩猎环境中，部落的人口规模很难超过200人，因此，任何一个突然出现的陌生面孔，都会被原始人的大脑迅速处理为某种潜在的威胁。但是，任何一个经过教化的现代人都知道，对陌生人表示出礼貌，乃是现代人教养的一部分。很显然，这样的社会规范就难免与人类的原始本性产生了某种冲突，并使罗素笔下地铁乘客彼此注视时所产生的尴尬难以避免。由此再拓展开去，现代人际关系网的跨地域性与高度的可变性，亦使原始心智对于"熟人关系网"的依赖性很难找到附着点，这就使现代人更感到心累。

第三，现代职业生活本身会带来大量的不确定性——被开除、被淘汰的风险始终伴随着现代人，而在前雇佣制时代生活的我们的祖先则根本没有"被解雇"这样的概念。这种社会风险显然会带给现代人大量的不安全感，并让人感到心累。

那么，我们又该如何改善上述令人心累的状况呢？

表面上看，既然上述"心累"的现象是由人类的原始心智架构与现代社会的外部环境之间的不协调所导致的，那么，我们就有必要改造现代社会，使其适应心智的禀赋。但需要注意的是，此思想路线在罗素的这本书中基本被摒弃了。理由有二：其一，改造社会属于社会哲学与政治哲学的话题，罗素在这方面有专门的著述，作为人生哲学著作的《罗素论幸福》便不能越俎代庖了；其二，对于个体来说，改造社会的结构显得过于不现实，更好的办法则是改造自己的小环境，以此减缓个体与社会之间的冲撞。在这方面，罗素给出的解决小贴士有这么几条：

小贴士之一：提高时间管理能力，保证睡眠质量，不让白天的烦恼干扰大脑在夜晚的自我修复过程。用罗素自己的话来说："聪明人只会有目的地思考烦心事，其他时候则考虑其他问题，或者在夜晚放空思绪。"（本书第54页）

小贴士之二：不要在不必要的事项（特别是晚上的各种娱乐活动）上投入太多的精力，以免大脑过于兴奋，干扰自身的睡眠质量。用他自己的话来说："不管是不是情愿，不管有没有选择，大多数现代人过着损耗神经的生活。他们总是疲惫不堪，若无酒精相伴，简直不知道快乐是什么。"（本书第54页）

小贴士之三：不要过高估计自己的工作的重要性，降低期望值，由此使心境能够被尽快平复。为此，罗素举了一个自己生活中的例子：

如果意识到引起忧虑的事情微不足道，焦虑就会大大减少。我一生中做过大量公开演讲。起初，听众中的每一个人都令我感到害怕和紧张，这导致我讲得很糟糕。我非常害怕这种折磨，总是希望在演讲之前摔折腿。演讲结束后，我因为神经紧张而筋疲力尽。渐渐地，我说服自己，无论我讲得是好是坏，宇宙都会照常运转。我发现，越不在乎演讲的效果，我讲得越好。渐渐地，神经紧张几乎消失了。这种方法可以缓解大多数神经疲劳。我们的行动并不像我们本能预料的那么重要，我们的成败对万物都没有差别。再大的悲伤也无法摧毁我们。我们以为麻烦会给幸福生活画上句号，但其实它会随着时间的流逝而消失，到最后我们已经想不起这些辛酸往事。这样考虑除了可以安抚自己，更重要的是，一个人的自我只是这个世界的很小一部分，一个人如果把思想和希望寄托在超越自我的事物上，他就能在日常烦恼中找到安宁。（本书第55页）

罗素的这一生活技巧其实也有着深刻的认知心理学原理的支撑。对于某事项的意义的过于看重,会导致认知主体过多地沉浸在对于事项之成败后效的评估之中,并因为某种可能的负面评估效果而陷入不必要的担忧——而这一点反而会影响对于事项本身的处理。对于在考学之路上努力拼搏的学子来说,这一生活技巧是非常实用的。

现代人不幸福的第二个原因可以总结为"烦"。怎么来定义烦闷的心理状态呢?

罗素提到的"烦"的特征有:其一,眼前摆着"现状",想象里又盘旋着"另外一些更愉快的情状",两者之间形成一种对照;其二,一个人的官能必不专注于一事一物。综上所述,烦闷在本质上是渴望发生某些新的事情——所渴望的不一定是愉快的事情,只要是一些事情,能使烦闷的人觉得这一天和其他时间有些不同就行。

需要注意的是,烦闷的反面不是欢娱,而是兴奋。由此看来,烦闷的本质就是无法享受孤独与无聊,总是渴望某些新刺激来打发无聊。相反,真正有趣的灵魂是非常能够享受孤独的。举例来说,达尔文便能够在周游世界后,在自己的书斋里,通过研究标本享受孤独;马克思亦能在大不列颠图书馆,通过反思资本的运作逻辑来享受孤独——他们都不需要什么肤浅的刺激来打发时间,因为他们各有自己的大事要做。

那么，为何很多人无法做到享受孤独，而需要无聊的刺激来打发时间呢？仅仅以一句"很少有人是达尔文或是马克思"来打发这个问题，恐怕是不严肃的，因为这些伟人在现实生活中固然稀少，但要做到享受孤独，却未必要成为伟人——安静地读一本书、完成一个用乐高积木搭建的建筑模型，或听一段"舒伯特"，都能让你享受孤独。基于罗素的启发，笔者个人对上述问题的回答如下：所有的这些克服孤独的办法，在本质上都依赖于教化形成的精神产品的消费习惯，而这种消费习惯的养成并不是普遍的社会现实。如果今天的年轻人只是在对于短视频的消费中学会"谋杀时间"的方法的话，那么，他们便无法在断网的情况下，仅仅通过阅读一本纸版的《红楼梦》找到精神乐趣，并以此消除烦闷。也就是说，要做到与烦闷对抗，就必须"从娃娃抓起"，从幼儿教育着手。

关于如何教育孩童以正确的姿势面对孤独、消除烦闷，罗素是这么写的：

> 生活或多或少有些单调，应当从小培养忍受单调生活的能力。在这方面，现代父母简直应该受到谴责，他们给孩子提供太多消极的娱乐——比如电视、美食——他们没有意识到，对孩子而言，能忍受日复一日的平淡生活是很重要的，至少大多数情况下如此。童年的乐趣

应该主要由孩子通过自己的努力和创造，从自己的环境中获得。令人兴奋又不费力的乐趣应当少之又少，比如看戏。从本质上说，兴奋就是毒品，使人上瘾并越陷越深，而在精神兴奋的同时，肉体会变得滞钝，这与本性相悖。孩子就像幼苗，让他在同一块土壤上自由生长才能发育得最好。太多的旅行，太繁杂的印象，不利于年轻人成长，反而使他们在成长过程中无法忍受有价值的无聊。（本书第48页）

用我们今天的话来说，罗素的育儿之道，便是对丰富的刺激物进行"供给管制"。这一点也是有相应的认知心理学的道理加以支持的。按照所谓的"韦伯定律"，前一心理刺激与后一心理刺激之间的差别量必须达到一定比例，才能引起心理主体的差别感觉——譬如，如果你本来感到水温很热，若水温仅仅再提高一点儿，你便很有可能感觉不到水温的提高。同样的道理，孩童若本来已经对丰富斑斓的物质生活产生了适应心理，若在此类生活的丰富度的供给方面再提高一点儿，孩童也是很难感到幸福量的增长的。为了感受到新的快感，孩童可能会去追求更多的刺激物，由此陷入更大的烦闷（因为由刺激所带来的满足会立刻进一步推高心理满足的阈值，由此陷入"以有涯随无涯"的怪圈）。

若放到今日的语境之中，罗素式的育儿经或许就应当被变通为这个样子：阻止孩童过早接触手机，乃是中国家长所需要注意的教育之道。家长要严控娱乐与学习之间的时间比例，并注意培养孩童对于那些需要大量劳动付出才能得到精神享受的游乐项目的兴趣——如乐高玩具的拼搭游戏。同时，也要时刻注意对于孩子的注意力的培养，至少保证幼童有在四十分钟内集中精力做一件事的专注力。在这个问题上，罗素的下述评断或许是具有超越时空的效力的：

> 如果为了达成严肃、有益的目的需要忍受许多无聊，一个男孩或者青年能够自愿做到。但如果这个男孩过着散漫、放荡的生活，那忍受无聊就不会产生有益的效果，因为在这种情况下，他老是想着接下来的快乐，而不是未来的成就。因此，不能忍受无聊的一代将是无所作为的一代，是与自然的缓慢进程脱节的一代，是生命力像瓶中花朵一样逐渐枯萎的一代。（本书第48~49页）

现代人不幸福的第三个原因是"怕"。

在关于"怕"的讨论中，罗素的立场最为接近年轻人。他清楚地意识到，现代社会处在剧烈的变动之中，年轻人与老一辈的代沟带给了年轻人各种各样的烦恼。因为年轻人处在社会权力架构中相对弱势的地位，所以很难避免各种各样的担心与害怕：害怕被长辈误解、害怕被前辈霸凌、害怕被社会的习俗与偏见所"碾压"。为了更形象地说明年轻人在成长过程中经常遭遇的这种情况，罗素构想了这样一个"小镇青年"的思想遭遇：

> 假设一个人出生在小城镇，他在年轻时就会发现自己生活的环境敌视一切有益于心智发展的东西。如果他想读严肃书籍，别的男孩会瞧不起他，老师会说这些书蛊惑人心。如果他喜欢艺术，同龄人会觉得他缺乏男子气概，长辈会认为他道德败坏。不管他向往的职业多么体面，只要在他生活的圈子里很少见，别人就会说他异想天开，告诉他子承父业再适合不过。如果他对父母的宗教教义或政治立场表现出一点儿不满，就会惹上大麻烦。所以，对于大多数有特殊才华的年轻男女，青春期是非常不幸福的。（本书第102～103页）

怎么解决这个问题呢？

罗素的第一条解决之道是：你若改变不了你的环境，那就请主动选择你的环境——远走他乡。具体而言，年轻人必须选择能够使其心情得到舒展的职业与工作单位，而不能过于计较薪资之多寡——而在此之前，年轻人还需要认识到哪些职业领域是更适合他们的发展的。而为了获得这方面的资讯，年轻人就需要得到一些具有更为广阔视野的年长者的帮助与提携。

当然，提供上述帮助的"贵人"的出现，具有一定的偶然性，并非人人都可得此机缘。不过罗素还有第二招：就是在年轻人可控的范围内，主动屏蔽世俗意见对于心灵的干扰。用他自己的话来说："我们对舆论的尊重应当以避免饥饿和牢狱为限度，超过这一限度就是自愿屈服于不必要的暴政，还可能让舆论以各种方式干扰幸福。"（本书第107页）

但需要注意的是，罗素鼓励年轻人按照自己的想法做事，是有一个前提的，即此类事项具有长远的积极意义，而不是为了一己私欲的满足。为此，罗素特别提到了消费方式层面的"特立独行"。在他看来，为了某种高雅的趣味进行投资（如在艺术与藏书方面的投资），若与外部的世俗意见（特别是那些对于不必要的物质奢侈品的消费习惯的意见）产生了矛盾，当事人则大可不必受到世俗的影响。他写道："以消费为例。许多人的消费方式不符合他的自然品位，这仅仅是因为他觉得想要获得邻居的尊重必须拥有一辆好车，或者能够提供丰盛的晚宴。事实上，明显买得起车却更喜欢旅行或藏书，一定会比效仿其他人更令人尊重。"（本书第107页）

在笔者看来，在今天的世界要实践罗素的这一教导，最大的难处就是如何抵制各种广告的诱惑——因为广告的传播力所带来的社会消费习惯能够产生巨大的舆论力量，逼迫人们为了合群而做出不必要的消费举动。关于如何抵制这种诱惑，罗素所开出的药方是，我们人人都要扪心自问。我们之所以如此消费，究竟是因为我们不想变得不合群，还是基于我们灵魂深处的真实需要？他进一步评论道："和其他所有恐惧一样，畏惧舆论是压迫性的、有碍发育的。如果这种恐惧很强烈，人就难以取得成就，也不可能获得精神自由。真正的幸福在于精神自由。幸福的本质是，我们的生活方式起源于我们内心深处的冲动，而不是来自我们邻居或亲戚的偶然的品位和欲望。"（本书第108页）

上面讨论的是对于社会舆论的担心与害怕。不过，有一种特殊的"怕"是需要特殊对待的，这就是被迫害妄想症。与前一种"怕"不同，这种"怕"的对象未必是真实存在的，或者说，这些对象对于当事人的压迫作用的严重程度与普遍程度都已经被严重高估了。就此，罗素写道：

> 我们都很熟悉这类人，无论男女，他总是说自己遭受忘恩负义、恶毒和背叛，永远是受害的一方。这些人通常看起来很可信，不熟悉的人会非常同情他。一般来说，单看他讲的每一个故事都是有可能的。他抱怨的那种迫害的确时有发生。最终引起听者怀疑的是，他竟然遇到了那么多形形色色的坏人。（本书第88～89页）

那么，为何这些人会觉得迫害无所不在？罗素的分析是：

> ……所有有权势的人都在极力掩盖自己的罪行，这些罪行也是他们权势的来源。这样的例子很难反驳，因为这些观点部分是正确的。相比于许多没有亲身经历过的事，这些亲身体验自然给他留下了更深刻的印象。他因此弄错了主次，过分看重个别事实而非普遍事实。（本书第91页）

也就是说，这些人都在归纳的问题上犯下了"以偏概全"的错误。

而要与这种过分的悲观主义作战，罗素也开出了四个药方：

药方一："你的动机并不总像你想的那样无私。"（本书第93页）

在笔者看来，这一药方的心理学原理如下：喜欢夸张外部环境对于自身的压迫程度的人，往往会将外部环境看得过于黑暗，而这一点又以对于自身的道德纯洁度的高估为前提（这无疑是前面所提到的"韦伯定律"的另一种体现：只有对于自身的道德评分与对于外界的道德评分之间的差值变得足够大，被压迫感才会变得更为真实）。因此，降低对于外部世界的敌意的一个恰当方法，就是降低对于自身的道德评分，由此降低自我评分与对于外界的评分之间的差值。

那么，我们又该如何以一种合理的方式降低对于自身的道德评分呢？罗素进一步给出的建议是检查自身的动机——换言之，我们必须扪心自问：自己做事的动机究竟是基于纯粹的道德理由，还是基于虚荣心呢？如果后者扮演的角色不容忽略的话，那么，我们就应当适当调低对于自身的道德评分，以便纾解与外部世界之间的张力。

药方二：勿把你自己的作品的价值估得太高。

这个药方是上一个药方的变种，只不过上一个药方针对的是对于自身的道德品性的评分，此药方针对的是对于自己的作品的评分。就此，罗素写道："剧作家的剧本一直没有成功，他应该冷静地考虑是不是剧本很差，不能认为这一假设明显不可靠就置之不理。如果这符合事实，他应当像擅长归纳的哲学家一样坦然接受。的确，历史上有怀才不遇的故事，但蛟龙得水的故事更多。"（本书第94～95页）也就是说，罗素希望我们再次审查自己是否已经犯下了"以偏概全"的归纳错误，即要正确估计"怀才不遇"的案例与"蛟龙得水"的案例之间的比例，并要放弃自恋心理，由此遏制那种将自己的遭遇归类为"怀才不遇"的心理倾向。很显然，要进行这番相对客观的比例估计，心理主体就要进一步做到"无我"，即将自身的经历视为茫茫统计学资料中的一份普通的案例，而不要将其看得有多特殊。很明显，这是罗素在逻辑学与分析哲学领域内养成的思维习惯在人生哲学领域内的投射。

药方三：勿期望别人对你的注意，像你注意自己一样关切。

罗素的这条药方背后的思维逻辑如下：你如何知道你的经历只是芸芸众生的大量经历中的沧海一粟？其要诀就在于：你得真实地观察别人是否注意你的经历，因为真正在客观上具有特殊性的经历很可能会引发大量的关注。反之，如果你的经历没有得到大量关注的话，或许就说明你的经历根本就不特殊。

从逻辑角度看，如果你能得出上述结论，那么，你就不能推论自己正在受到社会环境的系统性的迫害。其道理是：专门针对一个人的系统性的迫害，需要以相关社会机制对于特定人的高度兴趣为前提，而这个前提已经在刚才的论证中被证伪了。

这一药方的内容与下一药方有所重复，但是下一药方将此药方中隐藏的含义说得更清楚了。

药方四：勿以为多数的人在秘密留神你，以致有何特殊的欲望要来迫害你——因为"要意识到别人考虑你的时间远少于你考虑自己的时间"（本书第96页）。

罗素提到，之所以一些人觉得自己在被一些不怀好意的人秘密关注，除了因为不当的归纳，其病因还在于这些人的自大倾向：他们的道德虚荣心使他们觉得自己优秀得让人嫉妒，以至无法摆脱那些小人的关注。所以，这一药方的运用，还得配合第一味药的使用来进行。

最后一个让现代人不幸福的原因是"比"。

俗话说"人比人得死，货比货得扔"。现代人的很多不幸福感，都是与攀比有关的。罗素敏锐地意识到，现代都市生活造成的普遍竞争，是导致攀比无处不在的一个重要动因，而无处不在的攀比又加重了前面所提到的疲倦问题。

为何攀比的思维如此普遍呢？罗素的一种解答是，现代人太将"追求卓越"视为人生哲学的指导了。殊不知真正能够成为卓越者的人，在人群中可谓凤毛麟角，对于卓越的过分追求会导致每个个体都在特定的赛道上进行内卷化的竞争，由此不断陷入对于竞争失败的忧惧。非常有趣的是，面对这个由内卷化竞争所导致的人生困境，罗素开出的药方与他针对"被迫害妄想症"所开的药方是正好相反的——具体而言，对于"被迫害妄想症"的诊疗思路乃是放空自我，多从他人的角度来评估自我；而对于"卓越追求症"的诊疗思路乃是放弃大众所设定的人生赛道，从自我的兴趣出发来寻找幸福的支点。由此，从宏观角度看，若社会中的大多数成员都能按照这种个性化的方式设定人生的幸福目标的话，那么，社会竞争的烈度也会大大降低，由攀比所引发出来的不幸福感也能随之得到降低。

然而，需要注意的是，罗素似乎非常清楚，他的这一美好的愿景被实现的可能性并不是很大，因为现代工业社会所导致的现代人视野的狭小化似乎是某种很难被动摇的社会大趋势。罗素以某种近似于德国历史哲学家斯宾格勒（Oswald Arnold Gottfried Spengler，1880—1936）的悲观口吻预言了攀比文化的泛滥对于西方文明的可持续性的威胁。他以沉重的笔调写道：

> "现代恐龙"也在自我灭绝。一般来说，每对夫妻不会养超过两个孩子，生活的无趣使他们不想生儿育女。从这一点来说，他们从清教徒先祖那儿继承的奋斗哲学，显得与这个世界格格不入。那些认为生活毫无乐趣以至放弃生儿育女的人，他们在生物学意义上已经宣告失败。过不了多久，他们就会被更快乐、更愉悦的物种取代。（本书第39页）

罗素在这里所给出的因果推理链条如下：

第一，父母太要求卓越，由此导致单个孩子的抚养成本亦被大大提高；

第二，生育率的整体降低，其实是在生物学的意义上判处了整个西方现代文明的死刑；

第三，文明的成果未来将被具有更积极的人生观（并因此更愿意生育）的民族所取代。

很明显，罗素的这段评论已经切中了现代工业化国家普遍存在的无子化问题的肯綮，具有穿越时空的巨大说服力。不过，针对此问题，他并没有开出特别有效的系统性药方。他所想出的"治根"的办法是在教育中增加灵性教育的内容，使群众能够在简单的物质满足之外寻找人生的意义——但是他似乎忽略了实行这些博雅教育本身所带来的时间与经济成本问题。另外，罗素也意识到，此类问题的产生，乃是因为平等主义的理念已经进入了现代西方文化的骨髓——而平等主义显然会鼓励这种促发攀比意识的思想：既然你我都是平等的，为何我不能得到你所得到的？然而，罗素似乎也无意改变基于平等主义理念的社会架构。不过，正如笔者刚才所提到的，对于此类问题的讨论更适合交付社会哲学与政治哲学来进行，而非人生哲学之专攻。

但至少罗素也开出了一些"治标"的办法，也就是通过一些心理诱导的方式，促使人们意识到盲目攀比的无意义性。他写道：

> 如果你渴望荣耀，那你会妒忌拿破仑。但拿破仑妒忌恺撒，恺撒妒忌亚历山大，我敢说，亚历山大妒忌根本不存在的赫拉克勒斯。所以，单靠成功不可能摆脱妒忌，因为在历史或在传说中，总有人比你更成功。（本书第69页）

这也就是说，即使你伟大到了拿破仑的地步，你依然会产生"得陇望蜀"的不满足感，并因此而感到不幸福。那么，为何不从一开始就放弃这种攀比心理，从一些简单易得的"小确信"中得到满足呢？

那么，到底哪些"小确信"值得追求呢？

这就牵涉到《罗素论幸福》下半部分的主题。由于篇幅关系，笔者在此只能对其进行简单的提点。

简言之，罗素在此向读者推荐的《罗素论幸福》，便是培养兴致与爱好，并在这个过程中自己定义适合自己的人生赛道。

兴致与爱好的培养为何能促进幸福感呢？罗素写道：

> 没有抽象或客观的证据说明草莓好还是不好。喜欢草莓的人认为它好，不喜欢草莓的人认为它不好。但相比之下，前者拥有更多乐趣；这两类人都必须生活在这个世界上，喜欢草莓的人可以适应得更好。这个道理适用于小事，也适用于大事。从这个角度来说，喜欢看足球比赛的人优于不喜欢看足球比赛的人，喜欢读书的人远远优于不喜欢读书的人，因为读书的机会远多于看足球比赛的机会。人的兴趣越广，获得幸福的机会就越多，就越不可能受命运摆布，因为即使失去了一样，他

还有另一样。（本书第127页）

也就是说，兴致的多样化能够增加生活幸福感的"频道"数量，并在个体遭遇不幸的时候提供补充性的精神能量。

然而，对于兴致与爱好的培养显然会引发对于"度"的问题的考量：怎样的爱好能够被说成一种积极的"兴致"，而不是一种消极的"嗜好"呢？对于兴致与爱好在"度"这一方面的规定，罗素的相关阐述如下：

> 有些激情可以尽情释放而不会超越限度，另一些则不能。以爱好国际象棋的人为例，如果他是有经济能力的单身汉，就不必限制他的激情；但如果他有妻儿、不能经济独立，就有必要严格限制。酒鬼和吃货即使没有社会的约束，从自身的角度来看也是不明智的，因为沉溺其中会影响健康，几分钟欢愉的代价是几小时痛苦。所有个别的激情都必须符合生活的框架，否则就会成为痛苦的源泉。这种框架由特定的事情构成，包括健康、健全的官能、足以糊口的收入，以及最基本的社会责任，比如对妻儿的责任。为了下棋而牺牲这些事情，本质上和酒鬼一样坏。我们之所以不那么严厉地指责，是因为这种情况很少见，而且他一定具有罕见的天赋，才

可能沉溺于这样的智力游戏。（本书第132页）

很明显，罗素在这里似乎是再一次提到了时间管理的问题。带来积极人生意义的爱好，必不能让人付出损害生活中各个部分之间比例的协调性的代价——因为这种比例的失调会导致在相关兴趣之外的别的领域获得别样快乐的机会成本，由此带来幸福总量的减少。

然而，对于兴趣的培养，毕竟不能使人豁免于劳作的辛苦，那么，我们又该如何使我们的职业生涯也能充满幸福感呢？

罗素给出的方子是：让工作变得有趣！而让工作变得有趣的方式，也主要有两条：第一是在工作中运用技巧，第二是让工作本身具有建设性。关于技巧在工作中的施展所带来的幸福感，罗素写道：

所有掌握非凡技能的人都热衷于运用技能，直到这项技能不再特殊或无法提高。这种动机始于童年：会倒立的男孩就不愿意站立。许多工作都有和技能游戏一样的乐趣。律师和政治家的工作一定包含妙不可言的乐趣，就像打桥牌一样。当然，这种乐趣不仅在于运用技能，还在于用智计胜过高明的对手。即使没有竞争，表演特技也是愉快的。能在飞机上表演特技的人肯定有无限的乐趣，才愿意拿生命冒险。我想，即使工作环境令人不快，优秀的外科医生还是能从精湛的手术中获得满足。同样的乐趣也可以从大量较低级的工作中获得，尽管不那么强烈。我甚至听说过热爱工作的管道工，只是无缘得见。（本书第166页）

关于建设的完成所带来的幸福感，罗素则写道：

> 完成一项伟大的建设性事业，从中获得的满足是生活中最大的满足之一；但遗憾的是，只有具备非凡能力的人才可能获得这种满足。除非证明他的工作很糟糕，否则没有什么能剥夺一个人从重要的工作成就中获得的幸福。这种满足有多种形式。通过有计划的灌溉使荒地开满玫瑰，人能享受到最实在的幸福。创造一个组织也许是最重要的工作——比如从混乱中创造秩序——但很少有政治家献身于此，列宁在这方面是我们时代的典范。（本书第168页）

当然，以上两种幸福的获得，都是需要一定门槛的。在现代的大工业分工的社会现实之下，每个劳动者的劳动技能都被大量地机械化与碎片化，因此，像外科医生那样的能够通过一己之技能来独立完成一项工作的劳动岗位其实在现代社会并不多见。此外，同样是由于细密的分工，很多劳动者都看不到自己的劳动成果的建设性意义，而只能看到某条漫长的工业流水线的某个局部。从这个角度看，罗素所推荐的这种"乐""作"结合的方法，似乎只适用于特定的行业，而不具有普遍的推广意义。对此，罗素本人也是有所意识的。

总结

罗素的人生哲学可以被视为古代斯多葛派哲学的某个变种。斯多葛主义的心灵治疗方法的要点是：在面对某些不幸事件时，我们虽然无法改变关于不幸的某个事实，却可以改变对于该事件的定义、解释与判断，由此通过解释框架与价值体系的改变来缓解外部事件对于内心的冲击。这一套哲学工作程序也被称为"心灵城堡的构建术"，也就是通过对于外部世界与内部心灵之间关系的调整以维持内心的动态平衡。

罗素的人生哲学与斯多葛主义的思想之间的类似之处体现在：其一，二者都与针对外部世界的客观改造保持一定的距离，而转向对于主观精神世界的改造。斯多葛主义始终认为外部世界所发生的事件具有必然性，因此，个体对此无能为力——相反，对于某种必然发生的不幸的预估，反而能够减少此类事件对于心灵的冲击。罗素虽然没有明确表达过这种对于改造世界的无力感，但他所开发的各种增乐减苦之法——如改变自己的小环境、屏蔽那些扰乱心智的俗见、少攀比、拓展个人的兴趣范围，等等——其实也都规避了如何系统改造外部世界的问题。其二，古代的斯多葛主义者非常清楚"节制"对于幸福感的提高具有重大的意义——因为无限的贪欲所带来的空虚反而会抵消物质享受所带来的快感。在这个问题上，罗素可谓是系统继承了斯多葛主义的这种态度，比如他对于兴致的培养与生活整体之间关系的讨论就充分体现了"节制"的价值指导原则。

罗素在《罗素论幸福》中的描述虽然近乎常识，但也正因为接近常识，所以才具有长远的生命力。当前中国的职场人，"躺平主义"横行，佛系态度泛滥，很多人都在抱怨自己不幸福。导致不幸福的不可抗力太多，个体的能力又太小，学习一下罗素的"局部增乐减苦法"，又有何不可呢？

最后笔者想介绍一下本译本的情况。《罗素论幸福》并不是本书的第一个译本，过去比较流行的乃是傅雷先生的译本，书名翻译为《幸福之路》。傅雷先生译文古雅，但毕竟其汉语行文风格太过"民国风"，今日的读者在阅读时颇感不便。本译本由左安浦先生重译，译文晓畅明白，更具可读性，同时，本译本也修正了原译本的一些讹误之处。笔者诚挚地向一切在人生道路上缺乏幸福感的朋友推荐此书。

复旦大学哲学学院教授　徐英瑾

2021年6月29日于沪上寓所

我为什么而活

——《罗素自传》序言

罗素

对爱的渴望，对知识的追求，对人类苦难的深切同情，这三种激情支配着我的一生。它们纯粹而又无比强烈，就像一阵飓风，无情地席卷着我，越过痛苦之海，抵达绝望的边缘。

我寻求爱，因为爱让我着迷——它带来了强烈的喜悦，让我愿意为了几个小时的欢愉放弃生命中的一切。我寻求爱，因为爱能排遣孤独——那是一种可怕的孤独，颤抖的灵魂在世界边缘看到了冰冷死寂的无底深渊。我寻求爱，因为在爱的结合中，我窥见了圣贤和诗人所想象的天堂。在人的一生中，美好的爱高不可攀，但我仍然寻求爱，并且最终得到了爱。

我以同样的激情寻求知识。我希望理解人类的心灵。我想知道星星为什么发光。我试图理解毕达哥拉斯[1]的魔力，理解为什么数字支配一切。在这方面，我取得了一些微小的成就。

---

1 毕达哥拉斯（约前580—约前500），古希腊数学家、哲学家。他被称为"数学之父"，创立了毕达哥拉斯学派，从他开始，古希腊哲学产生了数学传统。

爱与知识极力把我引向天堂，但同情总是把我带回人间。痛苦的呼号在我心中回荡。饥饿的儿童，受压迫的人民，被子女视为负担的绝望老人，以及这个充斥着孤独、贫困和痛苦的世界，都是对人类追求的理想生活的嘲讽。我渴望减轻这些不幸，但我无能为力，我自己也深受其害。

这就是我的一生。我觉得这样的人生很值得。如果有机会，我很乐意再活一次。

罗素大事记

1872

5月18日，罗素出生于英国蒙茅斯郡特雷勒克附近的雷文斯克罗夫特庄园（现称为克莱顿宅第）。

1874

两岁。母亲安伯莱夫人逝世。两年后，父亲安伯莱伯爵逝世，改由其祖母和叔叔罗洛监护；罗素搬至彭布罗克邸园。

4岁的罗素（摄于1876年）　　8岁的罗素（摄于1880年）

1883

11岁。从其兄弗兰克学习《几何原本》，与家庭教师开始进行宗教问题上的哲学思辨。罗素在青春期的兴趣分为三部分：性、宗教和数学。

1890

18岁。进入剑桥大学三一学院。大学前三年，他专攻数学；大学第三年6月，获得数学优等考试一等第七名。

罗素童年照　　　　　　21岁的罗素（摄于1893年）

1894

　　22岁。参加伦理学荣誉学位考试，获得优等第一名。完成研究员资格论文《论几何学的基础》，称"我完全相信我已经解决了涉及几何学基础的所有哲学问题"，并以此篇论文被选为研究员。8月，被指定为英国驻巴黎的名誉参赞。12月13日，与艾丽丝·史密斯结婚。

22岁的罗素与27岁的艾丽丝·史密斯（摄于1894年12月13日）

1895

23岁。访问德国，研习于柏林大学。在伦敦政治经济学院讲授"德国的社会民主制"，入选剑桥大学三一学院管委会。

1896

24岁。年初，在伦敦经济学院讲授"社会民主党"。同年秋，偕夫人访美，到霍普金斯大学和布莱恩特大学讲学。

1903

31岁。完成《数学原理》初稿，并以论文《几何学基础》获剑桥大学三一学院研究员职位。

1910

38岁。任剑桥大学讲师，与A. N. 怀德海合作撰写的《数学原理》第一卷问世。此书被公认为现代数理逻辑的基础，书中提出的"罗素悖论"推动了20世纪逻辑学的发展，他所主张的逻辑主义也在一定程度上推动了数学历史的发展。受其不可知论观点的影响，罗素未能获得自由党提名，未能成为议员候选人。

1914

42岁。任剑桥大学三一学院研究员。同年加入工党。在牛津大学赫伯特·斯宾塞讲座讲演"哲学的科学方法"。在哈佛大学洛威尔讲座讲演"我们关于外间世界的知识"。撰写反对第一次世界大战的小册子，并公开进行反战演讲。

1918

46岁。在伦敦开设一个含八讲的课题,讲述其"逻辑原子论",承认过去四年受维特根斯坦的影响。由于在一篇文章中引述了美国国会使用军队对付罢工者的调查报告,被判处六个月监禁。在布里克斯顿监狱中完成《数理哲学导论》一书。

1920

48岁。访问俄国和中国。罗素受中国讲座协会(主要发起人为梁启超和蔡元培)邀请,在北京大学担任访问讲师,为期一年。语言学家赵元任,时任清华学堂(清华大学前身)数学、物理教师,被邀请担任罗素的翻译。

罗素于10月抵达上海。10月13日,罗素在欢迎晚宴上作了简短的演讲,次日《申报》便刊登了罗素演讲内容,在中国知识界引起了不小的反响。罗素依次访问了杭州、南京、汉口、长沙等城市,他在长沙连续作了四次关于布尔什维克与世界政治的演讲。时任湖南省长谭延闿亲自出面宴请罗素、杜威和蔡元培等人,再三挽留罗素,希望他在长沙停留一周,但被罗素拒绝,他希望早点赶赴访华的终点——北京。

罗素抵京后，于11月7日在北京大学发表了第一次演讲，题为"哲学问题"。此后，罗素陆续发表了系列演讲，包括"心之分析""物之分析""数理逻辑""社会结构学"等，通常称为罗素在华"五大演讲"。由于演讲内容主要是以数理逻辑为基础的哲学，因此，当时的中国鲜有人能理解。不过，罗素对中国现代哲学的发展还是起到了非常重要的作用。中国现代哲学的兴起，与罗素哲学密切相关。

44岁的罗素（摄于1916年）

1920年10月，罗素访华期间，《新青年》第八卷第二号专门用一整期来刊发罗素的文章，并在封面上使用了罗素的头像

48岁的罗素（摄于1920年）

1921

49岁。7月6日，罗素在教育部会场作了题为"中国到自由之路"的临别赠言。7月10日，罗素离华，后又去日本讲学12天。与艾丽丝离婚，后与多拉·布莱克结婚。同年11月16日，长子约翰·康拉德出生。这期间，罗素因为参加反战活动而被剑桥大学开除，他通过出书和赴美旅行讲学（1924年、1927年、1929年和1931年共4次）谋生。

50岁的罗素与多拉·布莱克（摄于1922年1月2日）

罗素与长子约翰·康拉德（摄于1923—1924年）

1924

52岁。5月31日，由于对中国及其事务具有广博的知识，罗素被邀请作为委员会成员，分配和管理英国分得的中国庚子赔款，并起草"关于庚子赔款的备忘录"，建议将其应用于中国教育。

52岁的罗素（均摄于1924年）

1927 --

　　55岁。赴美旅行讲学。在彼得斯菲尔德附近的塔山，夫妇俩共同建立了一所教育实验学校——皮肯·希尔学校（Beacon Hill School）。

1931 --

　　59岁。罗素的哥哥弗兰克去世，罗素继承爵位，成为第三代罗素勋爵。但是他很少在公开场合这么称呼自己，或被别人这样称呼。

1935 --

　　63岁。与多拉离婚，退出所办学校。离婚后，多拉·布莱克独自把皮肯·希尔学校办到1939年，并一直主张"自由教育"和"爱的教育"。

63岁的罗素与他的孩子们在一起（摄于1935年）

1936 --

64岁。与海伦-帕特里夏·斯彭斯结婚。次年，罗素最小的孩子康拉德出生。

64岁的罗素（摄于1936年）

1939

67岁。移居美国，在芝加哥圆桌广播中谈"安全感在增长吗"，在芝加哥大学社会学俱乐部讲演"现代世界中知识分子的作用"，在洛杉矶加州大学举办讲座至1940年。

1940

68岁。罗素收到了纽约市立学院邀请他到该校哲学系讲学一年的聘书，但由于他在有关家庭婚姻问题的著作中提出，"试婚"或许会降低当时不断增长的离婚率，而被指控为"不道德性关系的倡导者"，被迫忍受诽谤性的、侮辱人格的法院审判，未等他到任，就被剥夺了这一职位。虽未去成纽约市立学院，但哈佛大学给罗素发了聘书，请他为威廉·詹姆斯讲座开课"探寻意义和真理"。

1944

72岁。在WEAF纽约广播电台谈论"与苏联合作"问题。返回英国居住，再次被选入剑桥大学三一学院的管委会，主持年度课目《无论证的推论》。

1950

78岁。罗素被授予诺贝尔文学奖，以表彰其"多样且重要的作品，持续不断地追求人道主义理想和思想自由"。

80岁。罗素与海伦-帕特里夏离婚,同美国的英语教授伊迪丝·芬奇结婚。这一年,罗素开始创作小说,并匿名出版了第一部小说《X小姐科西嘉历险记》,之后又相继出版了两部短篇小说集《郊区的撒旦》《显要人物的噩梦》。

82岁的罗素(摄于1954年)

1955

　　83岁。罗素争取到爱因斯坦的支持（爱因斯坦在同意信寄达前不久逝世），发表了《罗素–爱因斯坦宣言》。他还向各国著名科学家征集签名，召开了一次世界性会议，商讨如何采取实际的步骤来应对由核武器引发的危机。由于签名的科学家大多是诺贝尔奖获得者，该宣言具有广泛影响，并成为众所周知的《维也纳宣言》的基础。

85岁的罗素（摄于1957年）

1958

　　86岁。1月初，禁止核武器运动正式开始，罗素任会长。该运动不仅希望能说服一般公众，还希望说服英国政府放弃核竞赛。罗素认为，这是一件超越党派政治，甚至超越国界的事。

88岁的罗素（摄于1960年）

1970

98岁。2月2日，罗素在梅里奥尼斯郡彭林德拉耶斯逝世，他的骨灰被撒在威尔士的群山之中。其爵位由他与多拉·布莱克的儿子约翰·康拉德·罗素继承，为罗素勋爵四世。

罗素作品年表

哲学

1910年　出版《数学原理》（*Principles of Mathematics*，与怀特海合著）

1912年　出版《哲学问题》（*The Problems of Philosophy*）

1914年　出版《我们关于外间世界的知识》（*Our Knowledge of the External World*）

1918年　出版《神秘主义与逻辑》（*Mysticism and Logic*）

1919年　出版《数理哲学导论》（*Introduction to Mathematical Philosophy*）

1921年　出版《心的分析》（*The Analysis of Mind*）

1927年　出版《哲学大纲》（*An Outline of Philosophy*）

1928年　出版《怀疑论集》（*Sceptical Essays*）

1931年　出版《科学观》（*The Scientific Outlook*）

1945年　出版《西方哲学史》（*A History of Western Philosophy*）

社会科学

1916年　出版《战时的正义》（*Justice in War-time*）、《社会重建的原理》（*Principles of Social Reconstruction*）

1918年　出版《自由之路》（*Roads to Freedom*）

1922年　出版《中国问题》（*The Problem of China*）、《自由思想与官方宣传》（*Free Thought and Official Propaganda*）

1929年　出版《婚姻与道德》（*Marriage and Morals*）

1930年　出版《罗素论幸福》（*The Conquest of Happiness*）

1934年　出版《自由与组织》（*Freedom and Organization*）

教育

1926年　出版《论教育，尤其是幼儿教育》（*On Education: Especially in Early Childhood*）

1932年　出版《教育与社会秩序》（*Education and the Social Order*）

小说

1952年　出版《X小姐科西嘉历险记》（*The Corsican Adventures of Miss X*）

1953年　出版短篇小说集《郊区的撒旦》（*Satan in the Suburbs*）

1954年　出版短篇小说集《显要人物的噩梦》（*Nightmares of Eminent Persons*）

激发个人成长

多年以来，千千万万有经验的读者，都会定期查看熊猫君家的最新书目，挑选满足自己成长需求的新书。

读客图书以"激发个人成长"为使命，在以下三个方面为您精选优质图书：

1. 精神成长

熊猫君家精彩绝伦的小说文库和人文类图书，帮助你成为永远充满梦想、勇气和爱的人！

2. 知识结构成长

熊猫君家的历史类、社科类图书，帮助你了解从宇宙诞生、文明演变直至今日世界之形成的方方面面。

3. 工作技能成长

熊猫君家的经管类、家教类图书，指引你更好地工作、更有效率地生活，减少人生中的烦恼。

每一本读客图书都轻松好读，精彩绝伦，充满无穷阅读乐趣！

认准读客熊猫

读客所有图书，在书脊、腰封、封底和前后勒口都有"**读客熊猫**"标志。

两步帮你快速找到读客图书

1. 找读客熊猫

2. 找黑白格子